作者简介

赵金楼，男，1957 年生人。知青三年，1977 年恢复高考，考入哈尔滨船舶工程学院（原哈军工）船舶内燃机专业，1982 年元月毕业留校。1985 年公派到上海中德企业管理研究班学习。先后获得哈尔滨工程大学管理科学与工程专业硕士学位和博士学位，历任助教、讲师、副教授、教授（二级）、博导。从教至今亦有 42 年，仍然奋斗在教学管理一线。

20 世纪 90 年代，曾任哈尔滨工程大学经济管理学院自费部主任两届。说是自费部，实际上就是公办自费学校。只有我是学校指派的，部门其余人员完全来自社会化招聘。我要负责招生就业、学生管理、教师招聘、租赁教室、教学组织等全流程工作。部分主要课程由国家实行统考，可想而知比现在的民办高校难得多。2019 年，我被北京交通大学海滨学院经济管理学院院长聘任为副院长，主管教学、督导、实践、科研四个部门的工作。

现任中国系统工程学会船海系统工程专业委员会主任委员、中国优选法统筹法与经济数学研究会船海经济管理专业委员会主任委员、教育部科技进步奖通讯评审人、教育部长江学者通讯评审专家、黑龙江省科技经济顾问委员会委员、哈尔滨工程大学船舶工业经济管理研究所所长。曾任管理科学与工程、计算机应用、应用数学三个专业硕导和管理科学与工程专业博导，指导三个学科研究生超百名，获得过学校的本科教学先进工作者和优秀博士生导师荣誉称号。先后去过十多个国家进行学术交流，理论研究成果主要是《网络维力与船企管理变革》，该著作受到高等教育出版社特色教材资助出版，发表包括 SSCI 期刊学术文章百余篇。作为项目负责人先后承担了包括国家自然科学基金等纵横项目 50 余项。曾任《系统工程理论与实践》编委，2019 年获得国内管理知名学者称号。指导的研究生被评为国家杰出青年科学基金获得者、高被引学者、国际系统与控制科学院院士、一流大学经管院学科带头人、院长、市县级及以上领导和国有企业总经理等。

办学理念与实践

赵金楼　著

北京交通大学出版社
·北京·

内 容 简 介

本书基于供需理论，分析并明确了不同层次的需求方对大学的现实需求与发展要求。在思想层面，回答了我们应当坚持什么样的办学思想，就是依靠谁和为了谁两大问题；回答了我们应当提倡什么样的办学文化，明确指出“德行”与“求真”是一切大学应有的核心文化和共性文化。在管理层面，基于产品管理和质量管理的理论观点，提出先制定面向对象的有效输出的办学规则与标准，再据此进行严格督查和有效奖励，以确保既定目标实现的思想方法。在实践层面，围绕教学管理、实践管理、教学督查、科研管理等主业，通过日常工作讲话摘要展示自己的工作感想。

图书在版编目（CIP）数据

办学理念与实践 / 赵金楼著 .-- 北京 : 北京交通大学出版社, 2025.1.
ISBN 978-7-5121-5405-6

Ⅰ. G649.2

中国国家版本馆 CIP 数据核字第 2024XC8153 号

办学理念与实践

BANXUE LINIAN YU SHIJIAN

策划编辑：刘建明
责任编辑：郭东青
出版发行：北京交通大学出版社　　邮编：100044　　电话：010-51686414　　http://www.bjtup.com.cn
地　　址：北京市海淀区高梁桥斜街 44 号　　邮编：100044
印 刷 者：北京虎彩文化传播有限公司
经　　销：全国新华书店
开　　本：170 mm×240 mm　　印张：12.75　　字数：257 千字
版 印 次：2025 年 1 月第 1 版　　2025 年 1 月第 1 次印刷
印　　数：1—1 000 册　　定价：88.00 元

本书如有质量问题，请向北京交通大学出版社质监组反映。对您的意见和批评，我们表示欢迎和感谢。
投诉电话：010-51686043，51686008；传真：010-62225406；E-mail：press@bjtu.edu.cn。

前言

FOREWORD

背景

在这个公办与民办高校并存、教育大众化、新技术日新月异和以数字化网络为基础的智能化时代，未来虽然充满了莫测变数，但是，高等教育既有永恒不变的主题，也有与时俱进的需求。笔者具有工管双科教育背景，经历了高校教研全过程，包括授课、实验、实习、毕设、硕博指导、科研、教管等环节，具有公办和民办大学的办学与教管经历。长期的高校教育教学经历，丰富的全过程亲身历练，笔者有很多的感悟与感想，只想与读者分享。《办学理念与实践》便是在这样的背景下应运而生的，它不仅是一次思想旅行，更是一场关于办学理念与实践的深刻对话。

在撰写过程中，笔者通过座谈等形式得到了来自不同院校专家学者们的宝贵意见，以及众多朋友和家人的鼓励与支持，他们的贡献让这本书内容更加丰富和完善。衷心期望，每一位翻开此书的读者，都能从中找到启发。

主要内容

本书共有十章，前两章主要谈办学理念，后八章主要谈教管实践，当然其中也有零碎的办学管理方面的理念。笔者通过对文献资料、工作感想和日常工作会议讲话要点的提炼，形成了办学管理的基本理念，通过日常工作会议讲话摘要汇编展示了工作方法和成效。本书的主要内容由下列问题构成：

基于供需理论，分析并明确了不同层次的需求方对大学的现实需求与发展要求。

在思想层面，问答了我们应当坚持什么样的办学思想，就是依靠谁和为了谁两大问题；问答了我们应当提倡什么样的办学文化，明确指出“德行”与“求真”是一切大学应有的核心文化和共性文化。

在管理层面，基于产品管理和质量管理的理论观点，提出先制定面向对象的有效输出的办学规则与标准，再据此进行严格督查和有效奖励，以确保实现既定目标的思想方法。

在实践层面，围绕教学管理、实践管理、教学督查、科研管理等主业，通过日常工作会议讲话摘要展示笔者的工作思想。为了提升实用性，笔者把工作中亲自执笔的一些重要文件或报告简要进行了罗列，包括人才培养方案、论文规范与模板、学位授权申报书规范与模板、科研成果认定与评价标准等。

最后，汇编了国家方针、评价体系等文件要点和笔者在教学工作会议上的讲话，以展示办学的基本观点。

写作风格与特点

真字当头

所谈的思想观点是笔者的真实看法和想法，是真话、实话，甚至有点儿土话。有的思想观点，可能与众不同。

所列的文档有些是主管工作会议讲话的原文汇编，有些是会议讲话整理出来的摘要，可能语言不是很严谨。毛主席讲："没有调查，就没有发言权。"笔者讲话内容都是基于调研的结果。

本书所讲事例都是发生在自己身边的事情，都是自己经历的事情，甚至是自己制定或主审的具体方案。比如，学位论文规范与模板、学位授权申请规范与模板、考核与评价指标体系、各种规程等。

简字凸显

文笔上，尽量简单扼要，废话不说。内容选择上，主要谈思想方法，少说工作方法。数量上，抓住主要问题，不拘泥在一些小事上。

适用对象

本书的主要适用对象是教育战线，特别是高等院校的教研室主任、专业带头人、学科带头人、院长、各职能部门的领导和校长，以及那些对教育教学管理感兴趣的同志们。

由于笔者的思想水平、工作能力和写作水平有限，书中疏漏之处在所难免，敬请赐教！

微信号：Zjl9891957

电子信箱：Zhaojinlou@ sina. com

欢迎交流指导！

赵金楼

2024 年 9 月 8 日

目 录

CONTENTS

第1章
因需而生

1.1 国家对学生的需求和对学校的要求

1.1.1 对学生的需求

对于国家与社会来说，在政治、军事、科技、经济等诸多方面需要大量的具有科学知识和劳动技能的合格人才。

1957 年 2 月 27 日，毛泽东在《关于正确处理人民内部矛盾的问题》中最早完整地提出了我们党的教育方针。他指出："我们的教育方针，应该使受教育者在德育、智育、体育几方面都得到发展，成为有社会主义觉悟的有文化的劳动者。"

2021 年 4 月 29 日，中华人民共和国第十三届全国人民代表大会常务委员会第二十八次会议修订的《中华人民共和国教育法》第五条规定，"教育必须为社会主义现代化建设服务、为人民服务，必须与生产劳动和社会实践相结合，培养德智体美劳全面发展的社会主义建设者和接班人。"

1.1.2 对学校的要求

虽然不同的时期，党和国家的教育方针有所微调，但宗旨没变，学校主要还是培养德智体全面发展的合格的劳动者。如何培养出德智体全面发展的合格的劳动者，不同高校思路百花齐放，做法千差万别。

在宏观上，国家对办学也有一些基本的、共性的要求，下面三点尤为重要。

（1）遵守法律法规。学校必须遵守国家和地区的教育法律法规，包括学生入学政策、教师资格认证、学校财务管理等方面的规定。

（2）安全和健康。学校必须提供一个安全、健康的学习环境，保护学生免受身体和心理伤害。这包括遵守消防安全规定、提供适当的卫生设施、确保食品安全和营养以及预防传染病的传播。

（3）教育质量。国家要求学校提供高质量的教育，确保学生掌握必要的知识和技能，为将来的学习和职业生涯做好准备。这包括制定课程标准、评估学生学习成果以及为教师提供职业发展机会。

1.2 家长对学生培养的需求与期盼和对学校的要求与期望

无数来自不同国家、不同地域、不同行业、不同文化的家长是整个社会的代表。

1.2.1 对学生培养的需求与期盼

根据家长的经济条件、文化背景和个人价值观的不同，对学生培养的需求与期盼有所差异，但也有共性需求与期盼：期望学生在校读书期间，学校对学生在德行方面进行很好的引导，能学到就业需要的专业知识，掌握就业需要的基本技能，具有很好的专业就业竞争能力和发展潜力。

1.2.2 对学校的要求与期望

对学校的要求（期望）：高素质的心灵导师，优良的专业师资队伍，优质的专业资源，全方位的安全保障，良好的学习环境，一体化的信息机制。以下是关注点。

1. 教学保障

期望孩子能够接受高质量的教育，包括良好的师资力量、教育资源和有效的教学方法，能够激发孩子的学习兴趣，帮助孩子掌握必要的专业知识和技能。期望学校拥有良好的教学设施和资源，如图书馆、实验室、体育设施等。

2. 家校沟通

家长期待学校能够定期与家长沟通，分享孩子的进步、问题和学校的相关活动信息。家长的期望和要求可能会随着孩子的成长和学校环境的变化而变化，因此，为确保学校、家长和学生的共同利益的一致性和有效性，学校与家长之间的及时沟通与合作至关重要。

3. 安全保障

家长希望学校提供一个安全的学习环境，希望提供健康、营养的餐饮服务，提供心理健康支持和咨询服务，帮助学生应对学习和生活中的压力。

1.3 基于需求和要求的学校重任与矛盾

1.3.1 学校的任务就是“两个必须”

学校首先必须坚定不移地执行党的教育方针，以国家人才需求为第一培养要务，其次必须满足家长的需求，响应家长对学校的期望。

无论是国家还是家长，对学校的要求，主要体现在两点：安全与质量。无论是国家还是家长，对学生的期盼，主要体现在两点：德行与能力。

1.3.2　办学经费是必需的基本条件

高等学校，要满足国家及家长的需求与要求，就必须有充足的办学经费以确保师资队伍建设和办学正常运转。办学经费是实现教育目标的基本条件，它直接影响到学校的教学质量、教学设施、师资力量等方面。以下是办学经费的一些主要用途。

教师待遇：提高教师的待遇，吸引优秀的教育人才，保证教学质量。

教学设施：购置和维护教学设备，如实验室设备、图书馆藏书、体育设施等。

教学改革：推动教学方法和教学内容的改革，提高教学效果。

学生资助：为经济困难的学生提供奖学金、助学金等资助，保障他们的学习权益。

学校运营：包括学校的日常运营费用，如水电费、维修费、清洁费等。

学校发展：用于学校的扩建、改建，提升学校的硬件设施。

因此，办学经费是实现教育目标的基本条件，没有充足的办学经费，学校的教学质量和发展都会受到限制。

1.3.3　“两个必须”与办学经费是永恒的矛盾

高等学校必须满足国家和家长的需求与要求。外部要求与经费需求是高等学校存在的一对矛盾，这种矛盾是竞争性和发展性矛盾。高校之间办学经费的差异直接影响人才竞争，办学经费直接影响需求的满足度、要求的达标度和未来的发展速度。

需求和要求是不断提高的，因此就需要更多的办学经费，这种矛盾是一对永恒的矛盾。办学经费总是有限的，需求和要求总是不断提高的，这就形成了有限性与无限性之间的矛盾。

高等学校的任务之一就是解决这种有限性与无限性之间的矛盾。如何开源节流，如何抓住需求与要求的关键点，将有限资源集中到关键点，是高等学校的两大任务。解决这一矛盾的方法主要有以下几个。

(1) 引入社会资本。通过与企业、社会组织等合作，引入社会资本投入教育，可以有效缓解经费压力。

(2) 政策支持。政府可以通过提供财政补贴、优惠政策等方式，支持学校的发展。

(3) 创新办学模式。例如，开展在线教育、开放教育资源等方式，可以在不增加太多成本的情况下，扩大教育服务的覆盖范围和影响力。

（4）优化资源配置。合理规划和使用有限的经费，优先满足关键的办学需求，如师资队伍的建设、教学设施的更新等。

（5）提高运营效率。通过改进管理方式，提高运营效率，可以在经费有限的情况下提供更高质量的教育服务。

1.4 硬件最重要吗

校园环境优美，教学条件优良，实验条件完备，教研经费充足，生活保障无忧，这些东西重要吗？重要，但不是最重要的。

1.4.1 香港城市大学

2000 年后期，笔者曾在香港城市大学做过博士生合作导师，对其有一定的了解。香港城市大学面积并不大，只有一座主楼，操场一般，只有电子图书馆，食堂和学生宿舍基本是社会化，上课时间延长到午夜 12 点。要说硬件条件，香港城市大学不如国内一般公立高校。但是，香港城市大学拥有行业认可的成果和成就，在国际上具有公认的声誉，比国内诸多重点大学强得多！强在哪里？强在教师素质与学生能力以及管理水平上。香港城市大学实行学科带头人由校长直接管理的制度，学科带头人并不多，一个学院也就一两个人，薪酬单列。学科带头人有什么想法可以直接与校长交流，校长直接对学科带头人进行经费支持，有点类似直辖市的管理方式。香港城市大学的重大成果、代表性成果，基本上都是学科带头人完成的。香港城市大学 2024 年 QS 世界大学排名第 62 位，泰晤士高等教育 2024 年全球最国际化大学排名第 1 位，QS 世界大学排名榜 2024 教员论文平均被引用次数香港第 1 位。

1.4.2 欧美知名大学

事实上，许多国内公立大学的硬件条件比欧美国家的知名大学好得多。欧美国家知名大学的占地面积和建筑面积有多大？甚至有的都没有政府经费拨款，没有学生宿舍，没有学生食堂，服务是社会化的，设备是租用的。欧美国家知名大学更重视大师，并非大楼。每一所学校基本上都是依靠著名专家和知名教授来支撑与发展。

虽然现代化的教学楼、实验室、图书馆等硬件设施是大学教育的重要支撑，但一所优秀的大学首先应具有优秀的师资力量，因为一所大学的核心竞争力在于其教师队伍，其次应具有严谨自由的学术氛围、广泛的国际合作与交流等。办大学需要综合考虑多方面的因素，硬件设施只是其中的一部分。只有全面提升大学的软实力，才能培养出更多具有创新精神和实践能力的人才，为社会的发展作出贡献。

第2章 办学理念

本章内容由下列主要问题构成，其属于基本理念与思想方法的范畴。

（1）高等学校的办学思想应当是什么？就是必须回答我们的办学依靠谁和为了谁两大问题。

（2）要想办好高等学校，应当有什么样的办学文化？一个具体的高等院校，应当明确自己的办学目标与定位。

（3）基于办学目标与定位，为了实现有效输出，必须制定行动规则和考核指标。

（4）为了实现更多、更快、更好、更省的有效输出，基于行动规则和考核指标，高等学校应当如何进行办学督查和激励？

2.1 办学思想：靠谁为谁

办学思想就是要回答：要把学校办好，依靠谁和为了谁的问题。“人民，只有人民，才是创造世界历史的动力。”在此，套用毛主席用的句子结构，我们说，教工，只有教工，才是创造学校历史的动力，特别是那些著名专家、教授、名师是办学依靠的主体。一个院士可以带动一个学科，一个名师可以带活一个专业，一项标志性的重大成果可以给学校带来轰动性的社会效益。南京大学前校长郭影秋认为，必须尊重和爱护教师，特别是那些学有专长的著名学者。他甚至在家中设宴为中文系的“三老”庆祝七十寿辰，以表彰他们数十年辛勤执教的贡献。这种对知识和教育的重视，以及对教师的尊重和爱护，是办学成功的关键因素之一。著名专家、教授、名师是办学的主要依靠对象，是学校发展的源泉，是办学的核心主体。只有培养、关爱、支持教师，教师队伍才会稳定与成长，学校才会有发展。

许多高等学校原则上按教师的标准和要求招聘青年教师，包括学历要求、相关专业背景、表达能力与沟通能力等，这有利于提高管理岗和教学岗的互换性，有利于促进专业性工作交流与配合，有利于提高管理工作的效率与质量。也有的高等院校，原则上管理人员升职，也要求有完整的教学科研经历。

党的教育方针已经十分明确地回答了办学为了谁的问题，不再赘述。

2.2 办学文化：倡导精神

2.2.1 大学的核心文化

大学文化是大学群体在对知识进行传承、交流、整理和创新的过程中，形成的一种与大众文化或其他社会文化既有联系又有区别的文化系统。大学文化是历史形成的、需要继承的、全员共有的、非物质性的、无须要求而自觉遵守的一种风气和习惯。

不同大学，其文化有所不同，但是它们应该坚守大学的核心文化，就是“德行”与“求真”，这是一切大学应有的核心文化、共性文化。无论是教师，还是学生，都应具有高尚的“德行”。“德行”被视为一个人的基本素质，体现了一个人的品格、道德观念和价值观，关系到个人的修养和行为准则，无德寸步难行。德行也是学术道德的重要组成部分，师生在学术研究中应遵循诚信、公正、客观的原则，杜绝学术不端行为。

“求真”就是追求事物发展真理所在及客观规律的过程。具有批判精神和怀疑精神，坚持独立思考是求真的基础。求真是追求真理、探索未知的过程，体现了一个人的学术素养和创新能力。大学是一个学术研究的场所，追求真理是学术研究的核心。在大学中，应该鼓励师生勇于质疑，敢于创新，形成一种追求真理和尊重事实的学术氛围。

德行与求真都是中华优秀传统文化的重要组成部分，德行和求真的核心文化有助于培养具有社会责任感、道德情操和创新精神的人才，从而推动社会的和谐发展。

大学文化是通过师生们共同行为体现的，应当成为师生们共同的风气和习惯。大学文化是一种追求真理、崇尚学术、严谨求是、具有强烈批判精神、追求理想和人生抱负的文化。

而大学精神则是大学在长期的发展过程中所形成的约束大学行为的价值和规范体系，以及体现这种价值和规范体系的独特气质。大学精神是大学文化的核心和灵魂，它是在长期的办学历史中，通过对自己办学理念的倡导、践行和升华，并在这个过程中形成独特的价值判断和理性诉求，是面向行为的个性的思想要求。学校的文化实质就是其精神。

大学校训，简称校训，是大学精神的精炼表述。校训，是一所大学提倡的精神追求的凝练表达，是校园文化建设的重要内容。比如北京大学以“思想自由，兼容并包”而闻名，清华大学以“自强不息，厚德载物”而著称，哈尔滨工程大学校训以“大工至善，大学至真”而盛名，北京交通大学校训以“知行”而知名。

校训就是其大学精神追求的体现。

大学文化、精神、校训、理念之间的关系，用著名物理学家、中国科学院院士杨家福的话说："大学文化体现的是一种共性，其核心与灵魂则体现于大学的精神。作为大学精神象征的校训，是学校历史和文化的结晶，是学校办学理念集中的体现，也应该是对学校特有的文化内涵的一种简练表达。"

2.2.2 几种常见的大学文化

简练的校训无法体现大学精神的全部，也就无法体现所有的大学文化。除了"德行"与"求真"这一大学应有的核心文化、共性文化，还有许多大学文化，这些文化的组合和优化构成了一个大学的文化体系。

1. 坚持开放办学的文化

开放办学是一种相对于封闭式办学而言的新型办学方式，具有全方位的人才互动、资源共享和共同发展的特点。开放办学，在多个方面都有具体体现。比如，在办学与经费开源方面，提倡国际合作、合作办学、教工入股等；在师资队伍建设方面，提倡合作导师、企业导师，通过兼职、全职、专职等方式弥补师资队伍不足的问题；在人才培养方面，实行联合培养、人才定制班、共建基地等；在科学研究方面，鼓励项目联合申报，共享设备仪器等；在社会服务方面，积极开展定制班、培训班、证书班、假期班、对外提供情报分析以及为政府提供政策咨询等。

开放办学强调的是教育对外开放，这是建设教育强国的必然选择。通过扩大高水平教育对外开放，可以为教育高质量发展注入强大动力。这种开放不仅是一种态度，更是一种思维方式和行为模式，它能够促进思想的交流和知识的传播。爱因斯坦指出："只有开放的心态，才能容纳新的思想和观念。"持有开放的心态才能更好地理解不同的文化和观点，促进世界的和谐与进步。开放办学旨在通过扩大社会合作，探索高等学校与行业、企业密切合作共建的模式，推进高等学校与科研院所、社会团体的资源共享，形成协调合作的有效机制，以提高服务经济建设和社会发展的能力，促进教育的高质量发展，推动个人成长和社会进步。

我们的每一次会议都有纪要，每一次活动都有简报，每一项决策都有文件，这些都是可以对全校教职员工公开的，这也是思想开放、工作透明的具体体现。

2. 坚持民主办学的文化

民主办学是民主集中制的集中体现。民主办学是一种体现校园民主、强调自由、多元、全方面发展的教育理念，旨在通过制度与师生的互动，实现全员利益最大化，并促进学校的民主化发展。著名教育家徐特立办学就具有丰富的民主办学思想，强调依靠全体教师，坚持师生平等，实施民主管理，主张思想自由，这些思想对于当前办学仍具有重要的启示作用。民主办学强调参与的广泛性、人员的专业化、影响的决策性。民主办学不能流于形式，喊在嘴上。民主办学的文化包括民主管理的体系、民主决策的制度、民主参与的途径等具体内容。

在相信群众，依靠群众，全心全意为人民服务的基础上，采取“从群众中来，到群众中去”的方法：“将群众的意见（分散的无系统的意见）集中起来（经过研究，化为集中的系统的意见），又到群众中去做宣传解释，化为群众的意见，使群众坚持下去，见诸行动，并在群众行动中考验这些意见是否正确。然后再从群众中集中起来，再到群众中坚持下去。如此无限循环，一次比一次地更正确、更生动、更丰富。”（《毛泽东选集》第3卷第899页）坚持群众路线是在实际工作中克服主观主义和官僚主义的有效途径，要认真实行民主集中制。民主办学文化有利于畅通民意表达渠道，落实民主决策，减少失误，密切干群关系，推动学校各项工作的顺利开展。

我们设置教指委、实践委、督导委、科研委等专业委员会，就是为了广泛听取专家教授的意见，是民主办学的具体体现。

3. 倡导批判文化

大学的批判文化是指在高等教育机构中鼓励学生和教师对知识、观念、理论和社会现象等进行深入分析和质疑的文化氛围。这种文化通常与学术自由、开放的思想和严格的逻辑推理联系在一起。

批判文化是知识探索和学术创新的重要基础。通过批判性思考，学者能够挑战现有的理论和实践，提出新的观点和解决方案，从而推动学科发展和知识进步。批判文化有助于培养学生独立思考的能力。学生在批判性的环境中可以学习如何分析问题、评估证据、形成自己的见解，并有效地表达和辩护自己的观点。批判文化倡导开放的讨论和多元的观点，有助于建立一个包容性的学术环境。在这样的环境中，不同背景和观点的人可以相互尊重，共同探讨问题。大学的政策和实践应当支持批判文化的发展，这包括保护学术自由、鼓励跨学科研究、提供开放的讨论平台等措施。总之，大学的批判文化是高等教育的重要组成部分，它对于培养学生的批判性思维、创新能力和社会责任感具有重要作用。

批判文化，是思想、理论、知识、技术创新发展的真正源泉。没有批判，就会有漏洞，出现专制，学术不自由，不进步、不深刻；家长式、师长制、论资排辈、压制、顺从、长官意志、一言堂、不交叉、不碰撞，永无创新、进步、改革；我们要爱护批判、保护批判、扶持批判。

我们在教学事故的认定、实验室建设、考核与评价方案讨论会上，都允许切身利益者举证、表达、申诉、辩论、争论，这是批判文化的具体体现。

4. 学习型自组织文化

学习型自组织文化是一种以持续自觉学习和自我完善为核心的组织文化，以适应不断变化的外部环境。这种文化在当今快速变化的社会中显得尤为重要。学习型自组织文化在促进个人成长、增强组织适应性、提高组织效能与竞争力等方面具有显著作用。

我们在办学过程中，下发了大量的自学读本、优秀论文汇编、各种标准手册、教学事故典型案例汇编等资料，这些都是构建学习型自组织文化的具体体现。

2.3　办学目标与人才培养

2.3.1　办学目标与定位

办学目标是指学校在一定时期内，根据国家和社会的需求，结合学校的实际情况，确定学校发展的总方向和总要求。办学目标通常包括学校的办学理念、办学特色、办学层次、办学规模等方面。

办学定位是指学校在办学过程中，根据自身的特点和优势，确定自身在高校体系中的地位和角色。

例如，某高校的办学目标与定位表述：努力把学校建设成为人才培养质量高、科技创新能力强、服务地方成效好、优势突出、特色鲜明的国内高水平区域一流的民办应用型本科大学。

办学目标与定位是学校发展的基础和核心，它关系到学校的整体发展和人才培养质量。因此，学校应该根据自身的实际情况，科学合理地制定办学目标与定位，并在实践中不断完善和发展。

2.3.2　办学的发展战略

学校发展战略是指学校为了实现其长期目标和愿景，制定的一系列行动计划和策略。以下是某高校发展战略实施方案的框架内容。

（1）确定学校的愿景和使命。学校的愿景是成为一所具有国际影响力的一流学府，培养具有创新精神和实践能力的人才。学校的使命是为学生提供优质的教育，为社会培养有用的人才。

（2）分析内外部环境。学校需要对自身的优势、劣势以及外部的机会和威胁进行分析，以便制订合适的发展战略。

（3）制订战略目标。根据学校的愿景和使命，以及内外部环境分析的结果，学校可以制定一系列具体的战略目标。例如，提高教学质量、加强科研能力、提升国际化水平等。

（4）制定战略行动计划。为了实现战略目标，学校需要制订具体的行动计划。例如，引进优秀教师、加大科研投入、开展国际合作项目等。

（5）资源分配。学校需要合理分配有限的资源，以支持战略行动计划的实施。

这可能包括财务资源、人力资源、设施资源等。

（6）监控和评估。学校需要定期对发展战略的实施进行监控和评估，以确保战略目标的实现，包括对教学质量、科研成果、国际化水平等方面的评估。

（7）调整战略。根据监控和评估的结果，学校可能需要对战略进行调整，以更好地实现其愿景和使命。

通过以上步骤，学校可以制定并实施一套有效的发展战略，从而实现其长期目标和愿景。

例如，某高校的发展战略的简述：深入推进质量立校、人才强校、特色兴校三大战略，紧紧围绕提高人才培养质量这一核心任务，大力发展队伍建设工程、实验实践工程、学科专业建设工程和后勤保障工程，全力创建高水平应用型大学。

2.3.3 人才培养思想（理念）

人才培养思想是指在人才培养过程中，有关人才的培养目标、培养方式、培养手段等方面的观念和理念。它是人才培养活动的灵魂，是指导人才培养工作的基本方针。人才培养思想是多元化和时代性的，不同学校和社会环境会形成不同的人才培养思想。例如，成果导向（OBE）思想：以学生为中心，以反向设计和持续改进为核心，实现由需求决定的人才培养模式。

人才培养目标是指通过教育培养活动，希望学生达到的知识、技能、素质等方面的具体要求。如“掌握基本理论、基本知识、基本技能”“具有良好的职业道德和职业素养”“具有较强的实践能力和创新能力”等。例如，某高校的人才培养思想表述：坚持以德为先，能力为重，全面发展的人才培养思想，创新德智体美劳过程性评价方法，完善综合素质评价体系，培养理论基础好、实践能力强、综合素质高的应用型专业人才。

2.4 办学规制

办学规制是指办学过程中所遵循的一系列制度、规定、规程、标准的总称。产品生产事先需要有设计方案、工艺方案、质量标准等，这些是对产品的性能、规格、质量、检验方法等方面的统一规定。它有利于确保产品质量，提高生产效率，降低生产成本，也是质量检验的主要依据。

办学规制与产品生产管理在本质上是相似的，是办学管理的一项基础工作。没有办学规制，就无法进行办学督查。在实际工作中，我们应该充分认识到这一点。办学规制有面向教学的、科研的、教师的、学生的，种类繁多，比较常见的包括试卷规范与模板、论文规范与模板、实验报告规范与模板、教学管理考核指标体系、科研工作考核指标体系、教学事故认定规程等，这些都是具体的实证。

规制是一种导向，一种约束，一种激励。有了规制，师生能清楚知道学校提倡什么，规则是什么，期望输出什么。由于输出结果与提职晋级、各种奖励挂钩，因此，办学规制不但具有重要的导向作用，而且还有明显的激励作用。总之，办学规制对于学校的管理和发展具有重要作用，是学校工作的重要基础，有利于促进多快好省地产出成果。

2.5 办学督查与激励

2.5.1 办学督查

高等院校中一般都设有教学督导办和督导委，聘请专职或兼职督导员。教学督导是教育体系中一个至关重要的环节，它对于提升教学质量、促进教师专业成长以及维护学生学习权益具有不可替代的作用。

办学督查通常由教育行政部门或专门的督查机构负责实施。办学督查是指对学校或教育机构的办学行为、教育质量、管理水平等方面进行监督和检查的过程。高等院校中，很少设置校内办学督查。学校内部的办学督查制度是指学校为了确保教育教学质量，提高办学效益，对学校内部各项工作进行监督、检查和评估的一种管理制度。

笔者认为，在高等院校中设置校内办学督查是必要的，可以通过对现有的教学督导业务进行延伸、对管理权限进行扩大来实现，这样教学督导工作就成了办学督查的一部分内容，办学督查的权限至少应具有直属校长领导的不低于副校长级别的职能等级相当的权限。比如，不仅要对课堂教学进行巡察，对教学要件进行普查，还要对与教育教学有关部门的工作质量与保障进行督查，如对教学运转的财务督查，对图书馆进行图书保障督查，对信息中心进行信息保障督查，对教室教学进行环境督查等，全面督查有助于及时发现和解决学校办学过程中的问题，促进学校教育教学质量的提高，提升学校的办学效益和社会声誉。总的来说，教学督导业务的外延与扩权是组织发展的必然趋势。

学校的规制、条例及标准等与办学督查之间存在密切的关系。这些文件为办学督查和教学督导提供了依据和指导，而办学督查则有助于推动这些文件的落实和完善。只有将规制、条例及标准与办学督查有机结合，才能更好地保障教学质量，提高教学水平。

办学督查应当实行全员参与制度，教育管理和监督过程中，不仅需要教育管理者、教师的参与，还需要学生、家长以及社会各界人士的共同参与，这样可以更好地发现问题、解决问题，提高教学质量。

2.5.2 办学激励

依据办学规制进行办学督查主要是对学校的教育教学工作进行监督和检查，

发现问题并提出改进措施，以保证教育教学质量。办学激励则是通过各种方式和手段，激发教师和学生的积极性、主动性和创造性，以促进学校的发展和提高教学质量。

激励的手段形式有很多种，有荣誉激励、经济激励、成长激励等。比如，奖励制度，设立各种奖项，包括优秀教师奖、优秀学生奖、优秀科研成果奖等；晋升机制，能够根据教师和管理人员的工作表现和能力，相应地晋升职务和提高待遇；培训机制，提供丰富的培训和发展机会，帮助教师和管理人员提高教育教学水平、管理能力和综合素质。

如何提高激励的有效性是十分重要的问题。一个有效的激励措施应该能够激发员工的积极性、主动性和创造性，从而提高员工的工作效率和质量，实现组织的目标。有的高等院校，提倡业务奖励，比如获得教学管理先进工作者，除了给荣誉证书，还提供一次自选的进修学习机会，而不是直接发奖金。这样，获奖者可以在规定的有效期内，结合自己的工作需要，灵活选择进修学习的时间、地点以及内容，大大提高了激励的针对性和有效性。

总的来说，办学督查和办学激励是教育管理的两个重要手段，它们相互依赖，相互促进，共同推动学校的发展。在实际工作中，笔者更提倡激励优先，表扬为主，树立榜样，这样有利于形成一种积极向上的工作氛围，发挥先进者的传导效应，有利于构建学习型自组织。

2.6 把握动态 紧密跟踪 积极参与 抓住领军人物

在任何行业或领域中，了解最新发展动态是至关重要的。这包括对国家导向、行业趋势、技术革新、市场变化、政策法规等方面的持续关注。通过阅读专业文献、参加行业会议、网络研讨等方式来获取信息，科学研判，以便做出合理的决策和规划。

在把握了行业动态之后，需要对关键的变化因素进行持续的跟踪。这意味着要定期检查相关指标和数据，确保能够及时发现任何可能影响学校或个人目标的变化。紧密跟踪还涉及监测竞争对手的动向、社会和家长需求的变化以及新兴技术的演进等。

仅仅了解和跟踪是不够的，还需要积极地参与其中。这可能意味着加入专业团体、参与讨论、提出创新的想法、与其他专业人士建立合作关系等。通过积极参与，可以更好地理解行业现状，同时也能提升个人或组织的知名度和影响力。积极参与和组织广泛的社会活动，通过获取重大项目，获得话语权，获得具有排他性、独特性、引领性、代表性的高新技术，从而做出更大的社会贡献。

在任何领域内，总有一些领军人物或意见领袖，他们的观点和行动往往能对整个领域产生重大影响。识别这些领军人物并与他们建立联系，可以快速获取行业内部的信息，学习先进的经验，甚至获得合作的机会。与领军人物的交流和合作，有助于提升自身的能力和地位。学校要抓住领军人物、代表人物、领头羊、名师，他们是学校生存与发展的核心人物。笔者在主持自费部工作期间，为了保证教学质量，为了获得较高的国家统考通过率，在全省范围内招聘名师任教并实行淘汰制，取得了非常显著的成效，当年学校的自费部在全省教学质量评比中排名第一。

在中国的高等学校中，抓住领军人物以获得成功的范例有很多。在20世纪50年代，清华大学抓住了钱学森等一批优秀的科学家和工程师，使得该校在航天、核能等领域取得了显著的成就。在改革开放初期，北京大学抓住了一批经济学家，如吴敬琏、厉以宁等，使该校在经济学领域取得显著成就。在21世纪初，浙江大学抓住了潘云鹤等一批信息技术领域的专家，使得该校在人工智能、大数据等领域取得了重要的突破。这些例子都说明，高等学校要想在某个领域取得突破或保持领先地位，必须抓住并扶持该领域的领军人物。

综上所述，“把握动态 紧密跟踪 积极参与 抓住领军人物”是一种积极主动的策略，旨在通过不断地学习和参与来提升学校的竞争力和影响力。无论是在办学管理、企业管理、科技创新还是社会活动中，这一原则都是实现持续成功的关键。

2.7 开源节流与有限资源的有效利用

2.7.1 合理节约

资金是高等学校重要的资源之一，高等学校办学经费始终处于紧张状态。有限资源的合理节约与有效利用是实现可持续发展的核心问题。

在教学方面，必须按照国家标准严格控制专业学分总数，充分利用网络资源和网络手段进行理论教学，充分利用现有的仿真软件进行实践教学。学分应该主要用在科学文化知识与技能传授方面，部分通识课程完全可以实行随堂考试；线下大量人工听课的方式可以采用远程实时智能化课堂巡视系统替代；实验室建设首先要保证课程实验，专业实验室建设要以项目和输出成果为检验标准。在实习方面，可以通过远程现场视频方式进行实习指导。

在组织建设方面，必须扁平化管理，合理设置岗位，减少不必要的行政管理部门，避免人浮于事，减少不必要的人力成本。这是比较有效的节约方式。

2.7.2 有效利用

高等学校的办学经费应该基于有效产出，重点用在师资队伍建设、吸收顶尖人才、重点科研项目支持、科技成果转化、国际合作与社会服务等方面。

1. 优化经费分配

根据学校的发展规划和实际需要，合理分配经费，确保资金用于最需要的地方。比如，对于科研、教学、基础设施等不同板块的经费进行平衡，避免某些领域资金过剩而其他领域资金不足的情况出现。

2. 民主透明的财务预算

增加财务透明度可以有效监督经费的使用情况，防止浪费和腐败。通过建立公开透明的财务报告系统，让教职员工和学生都能了解经费的使用状况。要加强节约宣传教育，增强师生节约意识，形成良好的节约氛围。加强对经费使用的审计监督，确保资金安全与使用合规。

经费的使用要考虑投入产出比，应当构建考核指标体系，明确产出的成效与成果。

2.7.3 开源增收

1. 充分利用外部资源，合理利用社会资源

积极与校友、企业及社会机构合作，争取更多的捐赠和赞助，拓宽经费来源。比如添置实验设备和改善实验环境，学校资金可能解决不了，这就必须充分利用外部社会资源。可以与企业合作，共建实训基地，开展合作项目研究。这样既可以获得经费支持，又能提升学生的实践能力和就业竞争力。

2. 鼓励校内部门自筹资金

鼓励各部门通过提供服务、合作项目等方式自行筹集部分经费，减轻学校压力，同时提升各部门的自主发展能力。

2.8 如何满足学生实践需求

国家对大学生的专业实践能力越来越重视，对大学生动手能力和解决实际问题的能力要求越来越高，解决大学生的实践需求是提高教育质量和学生综合素质的重要环节。

2.8.1 时间和机会从何而来

学生参与专业活动和社会活动的时间和机会从何而来？教师必须有广泛的社会资源，必须有重大的多项科研任务，这样才能够吸引学生参与其中，一起调研、一起思考、一起研讨、一起科研，在社会活动和科研活动中把理论与实践结合起来，把学生的专业兴趣激发出来，把学生的能力提高起来。做好这项工作，首先要从教师入手，这对教师的素质和能力要求比较高，老师行，学生才行。

2.8.2 实践教学改革

大量的社会活动和科研活动必然需要大量的时间。在目前传统的培养方案中，

留给老师与学生开展社会活动和科研活动的学时并不多，规范的教学计划需要正常的教学秩序。这就需要学校大胆、灵活、创新地开展教学改革，抓实基础教育，抓住重点学分，能不学的就不学，该减的学分必须减，能自学的就自学，多用能保证效果的网络教学和多媒体教学手段，能不做的就不做，能不考的就不考，大力提倡自学、助学、网学，形成多个兴趣驱动的专业团队，让学生在校期间，把有限的资源集中在他们的兴趣、创新和成果上。

第3章

教学督查：监督外延 专业化 标准化 普查制

本章内容主要由教学督导工作相关的一部分会议讲话摘要构成。这些讲话的基本思想和主要做法是：主张延伸教学督导业务范围，扩大教学督导的管理权限，也就是把教学督导提升为教学督查。教学督查前期的规范与标准化工作是首要的，是教学督查的重要依据。坚持教学要件的普查制度，要件类型要全覆盖，专业要全覆盖，学期要全覆盖。坚持全员、全程、全面的督导制度。强调学科专业的差异性，坚持把督查与评优和激励相结合。

3.1 专业化

3.1.1 在教学督导委员会规程编写研讨会上的讲话摘要

1. 教学督导与教学督查

教学督导是基于质量立校、特色兴校、人才强校的办学思想，围绕着教学质量和人才培养之核心任务，对教学部门的工作进行指导、检查和评价。教学督查比教学督导涉及的部门更多，范围更广，它不仅可以对教学部门进行督查，对与教学相关的其他部门，比如财务、信息中心等，都可以进行督查。教学督查部门的权限要比教学督导部门的权限更大，地位更高。

2. 督导委员与督导员

教学督导委员会委员是教学督导委员会的专家，督导员是教学督导委员会聘请的进行教学专项监督的专业人员。教学督导委员会委员也可以担任督导员。

3. 督导工作举足轻重

教学督导委员会不能被边缘化，更不是可有可无，而是举足轻重。绝大部分高校的教学督导委员会主任委员由原校长或教学校长出任。

过去，我们对教学督导委员会重视不够，其原因既有思想层面的问题，也有支撑层面的问题。任何一项工作，没有监督，就没有质量保障。教学质量是办学质量的根本，是我们的命根子。没有教学质量口碑的学校是难以生存的，这已经被证明。教学督导委员会是受学校委派在教学范畴和相关领域的质量监督机构、咨询机构、参谋机构，是校长的耳朵和眼睛，是教学质量的守护神，对教学管理和教学服务等有关工作是否达标具有一票否决权。目前，我校教学督导办公室只有专职办事员，没有专职督导员，网络化、现代化的监督设备空白，经费严重不足。目前我校还没有依规完善督导办的内设机构与职能，比如综合科、专项督导科、评估监测科等。

4. 全面、全程、全员督导

教学督导委员会要对教学相关部门的有关工作进行全面督导、全过程监督、全员督导。“全面”就是相关部门和相关工作，“全过程”就是制度、活动、评价、奖惩各环节，“全员”就是广泛参与、人人参与、全覆盖听课。坚持2-2-7督导，即针对课内教学和课外教学，面向教师和学生两个对象，对教务处、实验实践中心、科技处、学生处、后勤服务中心、信息中心、图书馆等部门在教学制度、教学活动、教学资源、教学支撑、教学环境、教学服务、教学成果等方面进行督查指导、评价评比、表彰奖励。

教学督导委员会在对各相关部门的相关工作进行评价时，也要兼顾产出的原则，比如专业性大赛获奖数量和等级、四六级英语通过率、考研过线率和录取率、违纪率、教学事故率等。

教学督导委员会要定期召开各部门各类座谈会，广泛征求意见，及时反馈信息，当好参谋，当好管家。

5. 督导委员资格和要求

督导委员应当具有良好的教育经历和扎实的专业素质，具有长期在一线教学的经历和丰富的教学管理工作经验。

督导委员要具有大局意识，质量意识、责任意识，不怕得罪人，说真话，做实事，敢于发表自己的意见。为人正派，品德端正，具有奉献精神和吃苦精神，不计较个人得失。要乐于深入实际调研，善于倾听不同声音。

3.1.2 在教学质量优秀教师考评动员会上的讲话摘要

向省人社厅上报教学质量优秀教师名单的工作又开始了，控制比例为全校教职工人数的15%以内。关于此项考评工作，谈几点基本原则。

1. 校院两级考评的原则

学校层面主要是制定考核指标体系与权重、对成果进行审验和大组评审。

个人的成果与表现，综合考核与排名，关键还在二级教学单位。如果出问题，出在二级教学单位的可能性更大。因此，希望各位院长高度重视，多维度考核，用数据和成就说话，处理好一切关系，防患于未然。在此，特别提醒通识学院，全校的通识课由你们管理，这些任课教师来源于学工办、招就业、教务处、科研处、宣传部、财务处、图书馆、信息中心、实践中心以及各学院，要充分考虑他们的需求和发展空间。教学单位的双肩挑教师，算作本单位的基数；非教学单位的双肩挑教师，算作任课单位的基数。

2. 不把批评扩大化的原则

教学批评不是教学事故，不是评优的依据，仅仅是评优的参考，主要还是要看该同志的业绩和平时表现。

3. 积累性考核的原则

我们要坚持以继承性和发展性的观点看待一个人，这就需要大跨度时间考核。建议对那些入职时间不长的、没有经历教学全过程的青年教师，要慎重考虑。当然，对那些特别优秀和有突出贡献的青年教师要加以关注。

4. 动态平衡的原则

我们坚决反对把业绩好的教师排名靠后之后上报，以求打造“横吃”他人指标的不良行为。各相关职能部门要基于申请表，严格把关，认真核验。如果出现严重的违规，造成不良影响，我们将扣减指标，约谈院长，甚至提交教学督导委员会认定教学事故。

5. 向教师倾斜的原则

根据省厅的文件要求，向省推荐的教学质量优秀教师比例是全校任课教师的15%以内。评优要向教学单位专职一线教师倾斜，绝对不能发生非专职教师挤占教学单位专职一线教师比例数的情况。

3.2 普查制

3.2.1 在基层教学要件全面普查工作启动会上的讲话摘要

1. 基层教学组织

教研室是最具代表性的基层教学组织。目前，我校有 10 个学院，经管文艺工五大学科门类，33 个专业，40 多个教研室。

2. 教学要件

这次普查的教学要件有 10 余种，主要包括：

（1）面向基层教学组织的：教研室活动纪实。

（2）面向任课教师的：教案、作业批改、答疑记录、命题与评阅、实验报告、实习报告、实训报告、专题报告、毕业论文等。

（3）面向学生的：学生课堂笔记。

3. 抽查样本

普查面向 40 多个教研室，每个教研室有 10 余种要件，每种要件平均抽查 5 份样本，这样普查样本总量大约在 2 000 份，普查工作量繁重，今后我们还将逐步增大普查样本。今天我们请来了 30 多位专家，分成 9 个普查小组。

4. 教学要件普查作用

教学要件是一个教师、一个教研室、一个学院教学过程管理水平与成效的重要体现，是未来本科教学工作合格评估的重要依据。因此，毋庸置疑，教学要件全面普查工作对加强教学管理，提升教学水平，推动本科教学合格评估工作都具有积极作用。

这些教学要件基本涵盖了教学的全过程，可以反映基层教学组织对学校教学要求的贯彻落实情况和创新性教学活动纪实，可以反映教师在教学过程中的教学态度、责任心、规范性、教学水平和师德师风问题，可以反映学生理论知识应用的能力与水平。

5. 历史与使命

从 2008 年建校以来，教学督导委员会首次组织专家对全校的基层教学要件进行大规模的全面普查。我们计划今后每个学期举行一次，使基层教学要件全面普查成为一种常态化的督导工作，把此项工作作为一个特色鲜明的亮点来抓。

6. 普查后的工作

普查后，我们要把优秀的教学要件分类装订成册，目的在于树立榜样，供全校学习。同时还要评出各类教学要件的先进教师、先进教研室、先进院系。同时，也把有问题的教学要件分类装订成册供全校学习，避免类似的错误重演，引起全校警觉。对出现严重问题的责任人，将根据教学事故认定办法，提交教学督导委员会研究处理。

各类教学要件审查组长，要以书面形式，总结经验与教训，提出合理化建议。

3.2.2 在学年教学督查报告暨教学警示大会上的讲话摘要

1. 会议背景

理论教学、实验教学、论文指导是本科教学过程的三个主要环节。基于这三个环节，按照专业全覆盖和随机抽查的原则，教学督导委员会组织校内专家围绕命题与评阅、实验与实习报告、学位论文开展了常规性抽查。

刚刚 4 位教授作了精彩的报告，其数据是翔实的，案例是真实的，教训是深刻的。这就是我们在此隆重举行首次“学年教学督查报告暨教学警示大会”的背景。本次大会的目的就是揭开自己的伤疤，找到病根所在，进一步提升教学质量与教学水平。

我校是教学型大学，不是教研型，更不是研究型大学，也不是职业技术类高校。我们的发展定位是建设一所特色鲜明、国内知名的应用型大学。学校的类型和发展定位决定了教学工作是我校的核心工作，重中之重。

2. 尊师爱教

毛主席早就告诫我们：“人民，只有人民，才是创造世界历史的动力。”在此借伟人之语，我们可以说：“教工，只有教工，才是推动学校发展的动力。”百姓的眼光是亮的，百姓的口碑是公正的。没有教学质量和教学水平的提升，就不可能有良好的社会口碑，就不会有好的生源与就业，就没有可持续发展。教学质量和教学水平是我们的命根子。

四年学业，一位学生将花费 10 多万元。学生家长省吃俭用，甚至不惜贷款，将孩子送到学校，交给我们，难道不是为了让他们学好科学文化知识，增长真才实学，以求就业与发展吗？我们每位教师要有教育大爱，要有职业良知，要对得起孩子们。

3. 责任担当

我们应该清醒地认识到我校在教学工作中还存在很多问题，甚至是严重的问题。这些问题带有历史性、习惯性，既有管理制度的原因，也有管理力度的原因。

各个学院一把手要亲自抓教学工作，要敢于担责，敢于碰硬，以铁腕抓教学。只要我们集思广益，共同努力，依规管理，提升素质，我们的学校一定会获得更好的社会口碑。

3.2.3 在教学事故认定会上的讲话摘要

各位委员：

本学期初，学校接连发生多起教学事故，主要是漏报成绩和成绩录入出错，这些都是学生找上门之后才发现的，可以看出任课教师的责任意识不强，对任课教师负责制认识不到位。教学事故认定的目的就是进一步增强任课教师和教学管理人员的责任意识，严肃教学纪律，维护正常的教学秩序，加强师德师风建设，保证教育教学质量。

1. 认定的基本原则

借此机会，关于教学要件大普查，补充几句话。南方医科大学的俞莉老师因为救治一个病危患儿，导致教课迟到 29 分钟，被学生举报后扣除了 5 月份的 2 000 元奖金并取消本年度的评优资格。此事件引发了社会强烈反响，对学校也造成了不良影响。我在教学督导委员会上说过，我们不能教条主义，生搬硬套，简单粗暴。如果这样，我们教学督导委员会存在的意义何在？教学督导委员会主任会议上一致达成的原则是：①坚持就低不就高；②坚持与平时教学检查相结合；③要分析主客观原因，是否有不可抗拒事件或突发事件发生；④要分析是个人原因，还是群体原因；⑤要看是初犯还是屡犯；⑥要看影响的广度和深度；⑦要看个人的态度；⑧要尊重集体意见，我们的无记名投票是当场公布结果的；⑨要经过主任委员会审议。请各位院长充分理解，顾全大局，深入交流，做好宣传。

2. 当事人

关于教学事故当事人简述：主要应当简要讲清楚事故发生的经过，包括时间、地点、人物以及交接关系，要有深刻自省和认识态度的表述，不应高谈阔论客观条件。客观条件存不存在、事故发生是不是客观条件引发的，教学督导委员会自有判定。我看了教学事故情况简述，认为事情经过并不清楚，当事人把重点放在了强调客观原因，规避主观因素上，其实质就是想摆脱责任。个人的认识态度，或者是没有，或者是根本没到位。

3. 基层单位

关于当事人所在单位的认定意见：应当站在单位的层面和角度谈该教学事故，应当回答事故过程阐述是否清晰，逻辑关系是否合理，当事人的态度是否认识到位。从教学管理角度反思问题的原因，并明确将来避免和减少教学事故的措施；要给出该事故级别的认定意见。我看了教学事故认定表，不同的人不同的事儿，但是某二级教学单位的认定意见竟然雷同，这就是不负责任，就是不担当。抱着这种态度的教学单位能不出教学事故吗？还有的单位，轻描淡写，20 多个文字中竟然有 2 个错别字，请问该教学单位的主管如何解释？对事故发生过程的描述还不如教务处说得清楚。

4. 发现单位

关于事故发现单位的认定意见：要讲清楚事故是如何发现的，既要对事故给出认定意见，也要对二级教学单位的认定意见给出看法。就是要一级管一级，一级对一级进行评价，这也是管理的基本做法。

5. 督导办

（1）关于督导办的认定意见。要回答事实是否清楚了，主要责任到底是谁，认定的主要依据是哪个条款，最后给出教学事故的等级。督导办要对教学事故认定表作出相应的规范给出模板，并加入必要的提示。教学事故认定表没有规范，就会很乱，事故认定会上就会浪费很多时间。

（2）关于任课教师负责制与教学事故。教学事故发生原因有很多，但是从我校的实际看，主要是对任课教师负责制的认识和执行不到位造成的。教师是学校主人翁。任课教师要对自己教学全程负责，包括人财物信，比如对学生的信息、与相关管理人员的联系、教室设施状况等都有权利和义务书面反馈；还有平时的点名、作业批改、答疑、命题、试卷印刷、评卷、成绩录入、归档等。我们督导办在分析事故的时候，首先要从任课教师的角色出发进行反向推理。任课教师要认真考虑教学事故可能给学生带来的不满，可能产生的社会舆情和行政质疑，可能对我校教学管理声誉造成的影响，以及今后可能给学校合格评估带来的困难。

6. 教学督导委员会

教学督导委员会成员是由德高望重的专业教授组成的，群众都在看着我们呢！我们要抱着一种对教育教学高度负责的态度，依法依规，严肃处理好教学事故的认定。今后各部门，特别是各二级单位，不仅要做好减负和服务工作，也要加强教学管理；要认真落实任课教师负责制，要严格管控教学事故。教学事故也是评价各二级单位教学管理水平的重要指标，是教学考核和年度考核的重要依据。

3.2.4 在教学要件问题分析与事故认定会上的讲话摘要

1. 客观形势

（1）经济形势。受外部大环境的影响，我校的办学经费一直紧张。教学经费投入不足，这对一线教师在精神和情绪方面有一定的影响。

（2）师资队伍。教师素质不说了，就数量来说，始终处于一种短缺状态，造成大量的教师出现“双超”，即超学时超门数，使得教师身心疲惫，备课不充分，评阅作业不聚神，这很容易发生教学差错，甚至教学事故。

（3）教师流动性。青年教师的流动性一直很大，青年教师约占学校教师总数的60%，比重过大，且新进青年教师入职即授课，没有助教过程，没有教学培养过程，没有教学准备过程，处于“三无状态”，对学校的有关教学规定不尽了解，出现问题不足为奇。

（4）校际差异。我校兼职教师约占教师总数的1/3，比重不小。院校不同，教学管理规则就存在差异，且这些兼职教师年龄偏大，这种惯性很容易带到我们的教学要件当中。

（5）全员认识。我校对教学工作的重视程度尚需提高，还缺乏系统性的体系制度，这造成很多学院从干部到教师对教学工作仍然没有足够的重视，比如，教研室主任漏签到、教学活动务虚、教学态度不端正等。

2. 督导成绩

按照目前我校关于教学事故认定与处理办法，我校的教学事故分为三个等级：教学差错、一般事故、重大事故。

督导办在经费不足，人员短缺的条件下，与相关部门积极配合，随堂听课，巡察答辩，坚持每年两次教学要件大普查。今年的教学要件大普查还做了三项改进，一是与平时的教学检查相结合，二是实行复查制度，三是加大面向专业的普查。

教学督导委员会工作扎实，成绩显著，事故发生率大幅下降，没有发生严重教学事故。与此同时，我们坚持民主集中制，坚持辩证唯物主义思想，从事物的内因与外因两个方面分析问题，做到了既处分到位，又让被处罚对象心服口服、心情舒畅，从未发生向上投诉事件。我们既要吸取历史经验教训，又要保持优良的工作传统和作风。

3. 问题分类

本次教学要件大普查主要涉及三大类教学要件：一是试卷的命题与评阅；二是各类报告，包括实验报告、实训报告、采风报告、专题报告、实习报告等；三是教研室活动纪实。

这三种要件中，试卷最重要，权重应最大，问题也最多，是检查的重点。针对试卷评阅工作而言，出现的问题可以分为严重问题和一般问题。严重问题需要我们严肃对待，严肃处理。我个人认为下面的两种情况属于严重问题。

（1）不按采分点给分，这反映教师责任心不强，属于违反评阅纪律的行为，也有给人情分的嫌疑。

（2）大题合分和总合分出现较大偏差，这反映核分的工作责任心不强，也有人为加分嫌疑。

4. 几点看法

在教学事故认定与处理办法中，不同的事故等级都罗列了一些具体的教学现象或事件，但不是穷举。那么是不是我们就把某教学事件简单地归类于某个事故等级就万事大吉了呢？如果这样，我们的工作那就是一个“1+1=2”的工作，只要工作人员简单归类就好了，也就不需要督导委员了！

我们的队伍是革命的队伍，是为人民服务的队伍，不是整人的队伍。无论是一般问题，还是严重问题，我们都要考虑历史、现实和长远，都要考虑事件的内因与外因，坚持实事求是的观点，坚持辩证唯物主义思想来分析和处理事件，绝不能生搬硬套，简单粗暴地处理问题。教学事故认定涉及教师的权益与发展，我们必须审慎行事。对每件教学事件，无论事件大与小，都应该做以下的反问与反思：该事件是客观因素为主，还是主观因素为主？是个人因素为主，还是集体因素为主？从客观因素看，是否存在不可抗拒的因素？是否属于突发事件？还是过程事件？在校内校外产生的影响有多大？问题出现以后的个人态度和认识；是初犯，还是屡教不改？也要兼顾平时的教学态度、教学水平、教学成果、教学声誉。

5. 分歧与决策

对于一个教学事件而言，可能部分无记名票将其认定为教学差错等级，一部分无记名票将其认定为一般教学事故等级，在与会委员 2/3 有效的条件下，也要看不同等级无记名票的比重。一旦出现决策困难的情况，须提交教学督导委员会主任会集体研究决定。

3.2.5 在教学要件普查和论文中期抽检结果反馈会上的讲话摘要

1. 教学管理工作的总体回顾

经过大家的共同努力，我校教学工作取得了长足的进步。在教考分离、双证、双超、教学要件的规范化和标准化，特别是学士学位论文撰写规范与模板、专业学位授权评估申请规范与模板方面，效果凸显；我们完成了培养方案的规范与模板的制订、课程大纲的修订，试卷印刷、教师服务、考场规范化、实验条件的改善，教学督查工作的深度与细度等方面都出现了历史性的改观。尽管如此，由于条件的制约和疫情的影响，问题仍然不少，个别问题还很严重。

2. 对反馈报告的评价

刚刚督导办主任围绕试卷（命题与评阅）、报告（实验、专题、实训、采风、实习）、论文（毕业论文、论文中期抽检）、教案和教研活动共计五大类教学要件，将专家抽检评分结果和发现的主要问题向大家进行了反馈。报告数据翔实，实例生动，层次分明，条理清晰。

3. 对本次工作的评价

本次教学要件抽查实行了专业全覆盖制度，论文中期抽检采取了面对面问答加教学要件查阅的混合模式，增强了真实度，获取的信息更全面，特别是对指导教师的指导情况有了进一步的掌握。

4. 需要改进的工作

在规避原则指导下，我们努力做到公平公正，但是也不尽完美。比如，教学要件评分没有考虑权重、样本数量太少等。

5. 五大类问题的根源

校外实习表中没有合计总成绩，导师却“认认真真”地给出评语，大家说可笑不？导师真的看了吗？还是由学生替导师做的评语？

论文的目录编码描述的是章节结构和论文框架，也是一种规范。目录编码出现缺失和不连续，作为导师难道不审查论文目录？难道看不到论文封皮没有论文题目吗？这些面上的工作都懒得做、做不好，作为导师称职吗？作为导师，你看没看论文？答辩组长你负没负起责任来？各二级学院内部互评互审工作做没做？

合分仅仅是一个算术问题，不是一个数学问题。加减法偶尔出错可以理解，但是如果一个卷子出现多处合分出错，请问你当时的状态是什么状态？是一边放音乐，一边合分吗？是你自己合的分吗？还是学生帮你合的分？

上述问题，从思想根源上看，主要是缺乏职业责任感和规范教学意识。

6. 下一步工作安排

结合专家们基于各种教学要件对于各个专业的客观评价以及发现的严重问题，各个学院一把手一定要认识到问题的严重性和紧迫性，特别是面临未来合格评估的挑战，开展一场严肃认真的教学质量大讨论和整顿运动，一定要杜绝重大问题的发生。

教学要件普查工作要常态化，每年进行两次大普查。普查工作实行分类普查，增强可比性。本次普查的对象主要是任教不足三年的青年教师，今后我们将对不同岗位、不同职称的教师进行普查。

督导办要依据教学事故认定规范，视普查发现的问题严重程度，报送教学督导委员会进行事故认定。

督导办应将本次普查发现的问题和历史问题，一并分门别类，编制问题清单，下发各个部门。

3.2.6 在学士学位论文中期抽检会上的讲话摘要

1. 抽检的要件

学士学位论文中期检查的要件有选题任务书、开题报告、论文指导手册、部分论文手稿以及导师的指导意见等。

2. 样本选择

今年应届毕业生 4 000 余人，全校普查的工作量巨大，人力和财力也不具备条件，我们只能按照专业全覆盖的要求，分成文理两组，随机抽取样本进行评判。

考虑到公平性和可比性，样本主要从入职不足三年的青年教师指导的论文中每个专业随机抽取一本。

3. 抽检改革：面对面

论文中期检查的传统做法是对论文进行抽查。问题是，得到抽查通知的学生往往交上来的并非自己的文稿，而是预先选好的替代论文。另外，无法了解导师指导与否、指导了几次、通过什么方式指导的以及指导效果如何等问题。针对这种情况，我们这次进行了改革，中期检查改为面对面的答辩形式。

4. 评价指标

中期检查的评价指标主要围绕论文选题合理性、内容完整性、进度计划性、指导有效性和质量达标性5个方面进行评价（表3-1）。指标主要依据我校学士学位论文评价指标体系，并适度进行了扩展。我们增加了毕业论文与生产和社会实践的结合度考核，并加大了对导师的考核力度。建议专家们不仅要看文字型要件，也要结合导师指导与否、指导了几次、通过什么方式指导的、学生修改论文与否等回答情况给出评分。

表3-1 评审指标

评价内容	分数	评审指标内容
题目	20	符合专业方向，体现专业特色，与生产和社会实践结合度高
内容	20	开题报告、任务书填写规范、齐全，工作进度安排适当
进度	20	论文写作进度与开题报告安排进度吻合，工作量饱满
指导	20	指导记录准确、翔实、规范，指导意见针对性强
质量	20	前期已完成，工作质量高，阅读文献丰富，调研充分

5. 局限性

由于每个专业只有一个样本，因此对专业进行评价与排名是不科学的，但是我们可以通过学院的专业平均分（学院所有专业的评分之和/专业数）对学院做出排名和评价。

3.3 指标考核

以下为在教学单位考核指标解读会上的讲话摘要。

1. 必要性

一个单位有发展目标，目标是由若干个子目标构成的，实现这些目标就必须有考核指标。考核是管理工作的主要方法之一，它有利于调动员工的积极性。考核指标不是任务指标，是一种竞赛性指标。该考核指标体系为我们指明了工作方向和工作重点，也是评优争先的重要参考依据。

2. 设计原则

（1）指标数量上，要求少而精，突出重点，特别是一级指标。教育部学科评估指标体系，一级指标仅有人才培养、师资队伍、科学研究、社会服务4个。我们的一级考核指标也不超过4个。

（2）指标结构上，我们采用了比较常用的二级指标体系。一级指标指明了工作方向，二级指标明确了工作重点。

（3）以产出成果为依据，定量与定性相结合。我们坚持用产出成果来说话，既要看成果的数量，也要看成果的质量与水平。数量方面，强调用可量化的相对参数描述业绩。质量与水平方面，主要由专家组根据实际材料来进行评定。比如说，文章所发期刊的级别、影响因子、专业相关性等。

（4）强调成果的有效性。成果要看具有代表性、标志性、公认性的较高级别的成果，工作重心不再放在那些低水平的成果上。

（5）本次考核指标只考虑了存量，没有考虑增量，建议在专家组评议中注意到这一点。

3. 程序与实用性

该考核指标体系的出台，先后经历了职能部门研究、专委讨论、联席会议初审等环节，是集体智慧的结晶。借此会议，再次听取院长们的意见。

考核指标不是一个最优解，仅是一个满意解，问题一定很多，有待于在实践中不断完善，文件也将以试行版下发。因学科的不同、专业的不同、人数的不同等等，可能有些地方不尽合理，有些定性的、特殊的、细节的问题，需要经过专家组集体讨论和投票产生结果。

4. 关于评优

（1）认识与设置。评优是激发人的积极性的重要手段，也是一种有效的凝心聚力的工作方法。先不谈奖励金额，但我们至少需要对人进行肯定与鼓励。因此，我们四个部门分别设立了集体奖和个人奖，分别是教学工作先进集体、教学管理先进个人；实践教学先进集体、实验室管理先进个人；督导工作先进集体、督导工作先进个人；科研工作先进集体、科研工作先进个人。请注意“工作先进”与“管理先进”考核重点不同，前者以产出成果为主，后者以管理成效为主。

（2）原则与总额。成果数据说话、定量与定性相结合、综合平衡是我们的评优原则。

在对象不变的条件下，考核与评优的目的一致，因此参数基本一致。初设集体奖数控制在学院数的1/3之内。由于个人奖的参考数不尽相同，我们初定每个职能部门选出3~5名先进个人。每个学期评优一次，数据跨度为上半年。

（3）流程。个人申请，学院初评，职部审核，专家委员会评议，主任委员会审定。

教学管理：总体设计 标准化 课程归口 教考分离

本章主要由教务处教学管理工作相关的一部分会议讲话摘要构成。这些讲话的基本思想和主要做法是：科学务实地做好人才培养方案的总体设计，强调 OBE 设计理念。教学文件作为教师和管理人员的基本工作依据，坚持教学文件的规范化、标准化和模块化，以便提升教学质量和管理效率。适度开展课程归口工作，特别是全校性的通识课和公共课。对于那些跨专业、跨院系的基础理论课、考研有关的课程实行教考分离。实行专业试办制度。对传统的试卷印刷、英语考试等流程进行再造。

4.1 人才培养

4.1.1 在人才培养方案修订工作启动会上的讲话摘要

1. 不断学习

(1) 不断学习。活到老学到老，这是因为知识会陈旧，事物会变化。学习的途径有很多，进修、读书、交流都是学习的途径。

我们需要加强业务相关文件的学习，特别是教育部《普通高等学校本科教学工作合格评估实施办法》和《普通高等学校本科专业类教学质量国家标准》。掌握教育部高等教育教学评估中心高等教育质量监测数据有哪些？你是否已经仔细阅读过？

(2) 我们需要加强同行之间的交流学习。你是本专业领域国家级一级学会会员吗？你每年参加几次同行交流会议？同行之间你有几个知心朋友呢？

(3) 要自觉学习。平时看看书，写点东西，留下学习的痕迹。

2. 深入实践

(1) 要求实学习。要深入课堂、深入基地、进入教研室，要实地考察，在实践中学习与思考。学习要结合实际，理论联系实际是我党的三大优良作风之一。

(2) 要敢于接触、接近师生。放下身段，以平常心接近师生，对待他人。不专业不可怕，怕的就是脱离群众。脱离群众就不会有正确的决策。深入就是接近、接触群众，才会获得真实的实际情况。相信群众，密切联系群众也是我党的优良作风之一。

3. 广泛民主

民主应当成为一种制度，就是要找到最大公约数，按公共利益办事，少数服从多数。

（1）破除假民主集中制。不是群众集中一起讨论、争论或者投票产生的结果，如一言堂、家长作风、就这么办等做法，都是专制。挨个打个电话，好像是挺民主，实际上是绑架人。

（2）牢记血的历史教训。从古到今，从内到外，专制从没有好下场，更没有好结果。一个国家、一个民族，一个单位乃至家庭都摆脱不了这样的定论。

（3）民主也需要工作艺术。我们要学会搁置、包容、互相谅解、转换角色思考问题。

（4）调查研究是实行民主集中制的前提条件。民主也需要组织形式。我们设教指委、实践委、督导委、科研委、学位委等，就是为了实现专业化和民主化。三人行必有我师，三个臭皮匠顶一个诸葛亮。兼听则明，偏信则暗，多听有益。

4. 求真务实

写文件要简明扼要，要分类，要分层次，要有逻辑。做事要抓大放小。

不搞花架子，不摆花瓶。我们哪里来的那么多时间？哪里来的那么多资源？

求真务实就要敢于面对现实，否则就是懦夫。敢于面对现实需要勇气，有勇气才会去琢磨，琢磨就可能有解。

4.1.2　在专业人才培养方案调整听证会上的讲话摘要

专业人才培养方案的调整，要注意以下几个问题。

（1）依据性。要给出文件依据和调研依据。

（2）规范性。要用培养方案全息表工具编制培养方案。

（3）结构性。要考虑公共课、通识课、基础课，专业基础课、专业课、自主学分、实践学分的结构比例。

（4）专业性。要充分体现学科和专业的特点、特色，创新之处。

（5）问题与改进。要明确指出培养方案存在的问题和下一步如何进行改进的工作措施。

4.1.3　举例

人才培养方案是办学最主要、最基本的纲领性文件。为了编制好人才培养方案，学校先后调研了6所高校，调取了10所高校的人才培养方案进行比较研究，拨了专款，组织了10余位专家教授，历经一年多，完成了人才培养方案的纲领性文件。为了做好这项工作，笔者又撰写了《专业人才培养方案设计工作读本》，详见第10章。

4.2 学位授权：模板

4.2.1 在学士学位授权申报启动会上的讲话

1. 课程实验是当务之急

当务之急，各专业的实验室建设要从课程实验入手，这是首要和最基本的要求。课程实验所需的设备仪器要与课程大纲对得上，看得见；要从全校资源共享角度来考虑设备仪器的采购，不要搞大而全、小而全。有的实验仅仅2个学时，且就是让学生们看看实物，这种仅仅是观赏性、演示性的实验要控制一下，这本身就反映出课程实验的设计在必要性和科学性上有问题；每个设备仪器应当对应课程单元，要能够映射或验证一个科学问题或原理。

实验实践管理中心对此要进行审核，要统筹管理。各学院一把手要亲自抓好实验室建设，要联合开展实地调查研究，不要拍脑袋，要与教务处、实验实践管理中心一起到已经评审通过的院校亲自走走，拍几张照片，要来相关资料研究研究，这并不难。新专业实验室建设论证工作由实验实践管理中心牵头，论证要有模板，要在假期完成，开学上会。

2. 重视依据性

各专业学士学位授权评审工作必须依据国家质量标准、专业人才培养方案和课程大纲进行，必须考虑学科特点和专业特点，彰显专业特色。

3. 申报书标准化

现在就要开始撰写学士学位授权申请报告，制订迎评方案。我们组织专家撰写的“金融工程”专业学士学位授权申请报告，既是模板，也是标准，其他专业可参照执行。

4.2.2 结合九位专家匿名评审意见谈专业学位授权工作

我校“电子商务”和“工程造价”两个专业学士学位授予权申报工作从2019年就已经开始，历经教务处初查和校内9位专家评估，即将于本月底上报省学位办。从9位专家匿名评审结果看，专业自评报告撰写及其附证存在很多问题，有的问题还相当严重。

1. 关于匿名评审专家

学校主管部门对此次校内评审工作作了认真的准备。此次入选的专家中有4位来自北京交通大学，其余5位来自不同院校。选拔专家的原则有：①规避原则：不从被评审的“电子商务”和“工程造价”两个专业所在学院选拔专家；②主因素原则：专家人选主要考虑学术造诣、认真态度和责任担当三个主要因素；③保密原则：批注、建议、评价、结论始终处于保密状态，对被评专业将匿名反馈意见。

入选既是对专家的一种信任，又是一份荣誉。从评审意见表述的体量、精准性、事实性和严肃性来看，绝大多数专家对自评表和自评报告看得很细，态度严肃认真，问题标记具体到了3级标题，且有对照和数据说明。

今后在专家选拔工作中，必须敢用、重用、多用本次评审中表现出色的专家。在合适的时候，我们会以某种形式对优秀专家进行表彰。我们必须树立评审正气，转变和事佬的风气，让那些学术造诣高、有知识分子骨气的教授有尊严、受重视。

2. 关于自评问题

自评表是自评报告的缩小版，方便对标，校外专家更喜闻乐见。自评表的主要依据是教育部和河北省教育厅的多个文件，其中一级和二级指标源自省厅下发的表格文件，仅有三级指标由我校外请专家参照文件进行了细化和文字表述整理。该表也吸收了历年专业学士学位授权评估会上的专家意见，具有权威性和可靠性。

申报专业的自评表中出现了大量概念不清、词义不明、所答非所问的问题。比如，自评表中问“实验”问题，回答却是“实习”问题，而表中对实习是有专栏的；问专业定位，回答的却是人才培养；“开出率”表注有具体公式，填表人却自创公式计算等。

自评表中出现了大量的数据错误，包括计算错误、来源错误、前后对应错误等。比如，全部百分比加一起大于1。这不是数学问题，仅仅是算术问题。作为具有高级职称的大学教师出现如此低级错误，这怎么能行？我们丢不起这个面子！此次外请专业人士做了个自评表模板和标准，填表人的工作就是往模板里填数字，这都做不好，实在说不过去。

更有甚者，所填内容与教育部教学质量国家标准要求不符。主要体现在培养目标、专业定位、核心课程、总学分和实践学分等方面。自评表和自评报告内容多处是在自言自语，根本就没有看国家标准，特别是文字阐述部分不符合国家标准，没有逻辑性和专业性。

被评专业的自评表与自评报告要相互呼应，必须保证比对的一致性；附证必须充分，要排好序号，单独成册（电子版单独成文件夹）。

之所以这次电子商务和工程造价两个专业的自评表等出现如此之多的问题，其实不是专业水平问题，关键出在工作态度上。具体来说，就是我们二级学院的领导、专业负责人对这项工作的重视程度不够，这里面有责任态度，也有担当意识，这两个方面都要加强。二级学院教管好不好，要用事实说话。

3. 关于教务处管理

对教务处来说，要作好时间节点的规划和工作协调。自评表的版式如页眉、页脚、版心、版距、字体、字形、字号等也很重要，好的版式可以给评审专家留下舒服的第一印象。

评审之后，希望教务处能做出一个样板，将自评表和自评报告合订一册，附证单独一册，印刷几十套，发给有关校领导、职能部门和院（系）部，供参照。学位授权评估是一项基础性工作，以后不会少，因此值得做好这项工作。

4.2.3 在金融工程专业学士学位授权评审之后整改会上的发言

虽然昨天我校金融工程专业学士学位授权评估通过了，但是专家们提出的问题也不少。我们需要对专家提出的问题进行梳理，总结经验和教训，找出问题的根源，深刻反思，提出切实可行的整改方案。专业学士学位授权评估，今后还会有。这次会议是一个交流会、反思会、促进会、整改会。

1. 基础工作显神威

去年由纪威教授领衔组织10余位专家教授完成了《北京交通大学海滨学院学士学位论文指导文件汇编》的编写工作，这个汇编包括学士学位论文写作规范、指导手册、论文模板。

去年还完成了校长专项基金项目《新形势下海滨学院学士学位授权专业自评估报告的体系设计及编制规范——兼析金融工程专业》的编写工作，项目负责人是周强教授。

这两个纲领性的规范文件是这次专业评估能够顺利通过的重要基础和可靠保障。本次评审专家对这两个方面几乎没有提出任何意见，也验证了这两项工作是非常必要的。

2. 会后工作安排

经管院会后要提出一个金融工程专业整改方案上报河北省学位办，这是一个态度问题，也是一个工作艺术问题。

4.2.4 举例

我校从去年就启动了学士学位授予权专业申报工作，但专业自评估报告经过多次内审还是有很多问题，怎么办？办法之一就是编制自评表模板，其好处有：①专家喜欢看表对标，因为图表清晰明了，这有利于评估；②此表依据省厅等文件编制，因此对专业自评报告具有纲要性指导意义；③由于以后还会有其他专业学位授权申报，因此这是一项基础性工作；④由于申报资料涉及教学、科研、学工、人事等部门，是一项系统工程，需要相关部门的数据支持；⑤此表基本涵盖了教育部全国本科教学工作合格评估指标体系，因此对今后评估工作具有重要的参考价值。

学士学位授权申报的首要工作是撰写自评报告，而自评报告写得如何关键在于自评表编制是否翔实度。经过对《河北省学士学位授权专业评审指标体系》等三个文件的学习、消化和提取之后，学校组织校内外专家，由周强教授担任组长，拨付专款，历经一年多，完成了《金融工程专业学士学位授权申报书及自评表模板》的制订工作，该模板得到了普遍的好评，并在申报工作中发挥了巨大作用，提高了效率，保证了质量。

因篇幅受限，这里仅以某专业自评表的两页截图作为实例。

一级指标	二级指标	三级指标	评审指标内容及指标值	专业实际情况	对标得分
1. 专业建设及人才培养方案（12分）	1.1 专业建设（6分）	1.1.1 目标与定位（2分）	专业设置满足社会需求； 建设目标符合学校定位； 专业建设保障条件较好	——在调研了8个企事业单位和10所相关院校的基础上，经过院校两级学术委员会充分论证了社会需求之后设置的本专业。 ——本专业定位与建设目标是培养“厚基础、宽口径、实践能力强”的、以务实型课程设置和优秀造价软件应用能力为特点的特色鲜明的应用型工程造价本科专业，与学校提出的建设特色鲜明的高水平应用型高校的办学定位与建设目标一致。 ——本专业隶属管理科学与工程一级学科，申请授予工学学位。本校该学科的专业建设软硬条件优良，专业发展质量有保障。（详见自评报告P1）	2-1
		1.1.2 规划与措施（2分）	规划科学，措施得力，指导有效	——本专业建设规划主要以教育部普通高等学校本科教学工作合格评估指标体系为依据，并修订完善了《工程造价专业人才培养方案》及课程大纲。 ——本专业建设主要围绕学科建设、师资队伍建设、课堂体系建设、实习实践基地建设等4个方面采取了措施，专业招生规模逐步扩大，专业质量不断提高。 （详见自评报告P2）	2
		1.1.3 特色及成效（2分）	特色鲜明，成效显著	——经过近4年的发展，初步形成的专业特色有4个：双师型主干课教学团队、模块化专业课体系、立体式实践实训环境、开放式自我发展途径。 ——基于特色所获得的专业成效主要体现在5方面：师资队伍结构合理、业务能力过硬；学生知识结构合理、应用能力突出；实践实训条件齐备、专业技能扎实；自	2
	6.4 学风（3分）	6.4.1 建设（1.5分）	学风建设制度完善。奖惩明确	——本专业严格执行学校的学风建设制度并制定了相应的奖惩细则《土木建筑工程学院学风建设长效制》，细则中对课堂出勤管理、课堂学习秩序、寝室学风建设、考风考纪要求、自主学习意识、晚自习管理、评优助困、学生学习活动等多个方面做出明确规定。（详见自评报告P37-38）	1.5
		6.4.2 成效（1.5分）	学生自觉性较强，考试违纪率低	——本专业学生自习率97.5%，考试违纪率为1%。 （详见自评报告P38-39）	1.5
总分为100分（标注★的指标为核心指标）。总评分≥60分，且核心指标得分≥23分为通过。					97/★37

注：1. 主要参考《河北省学士学位授权专业评审指标体系》(文件编号或年月?应该是冀学位[2004]12号，因为冀学位[2014]7号没有印发指标体系，只印发了审核办法和两个简况表，请教务处核实)

2. 民办院校（含独立学院）聘请的教师必须聘期在一年以上且年龄在70周岁以下，才能认定为自有师资。

3. 专业图书资料包括文字、光盘、声像等各种载体的文献资料。

4. 实验开出率=(实际开出的实验项目数/教学大纲(计划)应开实验项目数)×100%；综合性、设计性实验开出率=有综合性、设计性实验的课程数/含有实验的课程总数。

5. 少数特殊专业的毕业设计(论文)环节由现场评审专家具体考察。

4.3 专业申办：试办制度

在2021年专业申报工作会议上的讲话要点。

1. 停招的主因与对策

今年我们将停招5个专业，占专业总数比接近15%。比例不小，要引以为鉴。

曾经这些专业的论证很美好，但是招生人数却很骨感，甚至有的专业招生人数不足 5 人。停招专业造成了一定数量的实验设备仪器的闲置，同时部分原专业教师难以转岗。停招既有客观因素，也有主观因素，但最主要因素是实证不足。

据此，教指委研究出台了新规，就是原则上新专业申办要有 1~2 年的专业方向试办期。这样才知道有没有人报、有多少人报、师资力量行不行的问题。

2. 几点建议

(1) 系统考虑。新专业申办要将师资队伍、实验条件、实习基地等通盘考虑，提前准备。

(2) 学科思维。新申办专业要按学科规律办事，要办本学科的专业，不能为了扩大规模而不考虑学科要求。

(3) 资源利用。新申办专业要充分考虑现有实验条件、现有师资力量的全校共享。

(4) 规模合理。新申办专业的招生规模应接近一个教学班人数，即 60 人的规模。

(5) 新申办专业要考虑我校的办学目标、定位、特色等要求。把学校办成一流的地方性、应用型综合大学或许是我们的办学目标。要考虑办学类型定位、层次定位、服务定位、学科定位等。

4.4 课程归口

4.4.1 在课程归口研讨会上的讲话摘要

1. 课程归口管理的意义

我校部分学院的课程体系搞大而全、小而全，搞专业“独立王国”。比如有的数学课应该由数学教研室上，却由学院自己上；有的管理课应该由经管院上，却由学院自己上。这不利于学科建设，不利于课程质量提升，不利于教学成本的管控，不利于师资队伍管理。

课程归口是指一门课程原则上只能由一个学院（部）或教学单位负责管理。

这种管理模式有助于确保课程资源的统一规划和有效利用，同时促进教学资源在全校范围内的共享。具体来说，各学院（部）或教学单位负责本单位的课程设置与管理，包括课程的建设、改革、调整以及教学质量的评估。在制订人才培养方案时，如果涉及非本单位开设的课程，需要与课程归口单位进行协商，以确保课程设置的合理性和有效性。此外，所有课程应制订教学大纲，由课程归口的学院（部）或教学单位按照编制要求编写，经过审定后执行，并报教务处备案，以确保教学质量和标准的统一。

课程归口单位牵头组织该课程的全过程教学，包括课程大纲、命题、评阅、评价与改进等。

2. 课程归口负责人的管理

课程归口负责人应当具有副教授及以上职称，具有教师资格证，讲授该课程 5 年以上。归口课程负责人应德才兼备，学术造诣深，具有亲和力、组织力、凝聚力。

课程归口负责人的选拔由教务处牵头，教指委把关，主管校长审定。原则上，归口课程要实行教考分离。

4.4.2 关于课程归口管理的指导意见

为了确保今后教学督查与评估工作的顺利进行，坚守学科办学理念，提高课程教学质量，避免教学资源重复建设，规范课程管理，打好教考分离基础，结合学校实际情况，特对课程归口提出以下指导意见。

1. 全校性公共课程

（1）思政类、体美劳类、军事类、双创类、心理类、数学类、物理类等公选课，归口至通识教育学院管理。

（2）大学生综合外语课程，归口至外国语学院管理。

（3）计算机基础课程，归口至计算机与信息技术学院管理。

2. 跨学院课程

跨学院、跨学科课程，根据主要学科领域和师资力量，由相应学院进行管理。

（1）经济管理类课程，归口至经济管理学院。

（2）计算机语言类课程，归口至计算机与信息技术学院。

（3）非电专业的电类基础课程，归口至电子与电气工程学院。

（4）力学类课程，归口至土木建筑工程学院。

（5）机械制图类课程，归口至机械与动力工程学院。

（6）外语类课程（不含各学院专业英语），归口至外国语学院。

3. 本院跨专业课程

跨专业基础课程、专业核心课程由各学院建立课程组进行管理。

4. 课程归口学院职责

（1）为完善课程归口管理，课程归口学院应建立课程组，实行课程组管理制度，课程组负责课程建设与管理。

（2）在落实教学任务时，课程归口学院负责任课教师的落实，教学过程和教学质量的保证。

(3) 课程归口学院可从校内其他教学单位聘任任课教师，但必须负责归口课程与任课教师的管理。

4.4.3 在通识教育课程归口协调会上的讲话

建校以来，学工部、招就处、宣传部等有关职能部门，在通识教育课程方面作出了积极而有效的奉献。

在通识教育课程归口改革工作中，通识教育学院的领导班子同心同德，有大局意识，有奉献精神。相信在今后的通识教育课程教学工作中，通识教育学院会团结、紧张、严肃、活泼地开展工作，相信你们一定能做好通识教育教学工作。

1. 通识教育课程的定义与类别

通识教育的目标是在现代多元的社会中，为受教育者提供通行于不同人群之间的知识和价值观。“不同人群”简要说明了通识教育课程所面向的对象，所传授的是“知识和价值观”，能够让“不同人群”感兴趣、听得懂、受益大。如果出现室外“车水马龙”，室内“人满为患，欢声笑语”，那就说明你的通识课开设成功了。通识教育课程并非突出自然科学理论与科学方法。

教育部明文规定的必修通识教育课由三大类课程构成，分别是思政类 6 门，体美劳类 5 门，创就业心理类 3 门，共计 14 门，38.5 学分。除此之外，还有 8 学分的选修通识教育课。

思政类课程包括思想道德修养与法律基础、马克思主义基本原理概论、毛泽东思想和中国特色社会主义理论体系概论、习近平新时代中国特色社会主义思想概论、形势与政策。

体美劳类课程包括体育、军事理论、军事技能、美育教育、劳动教育课程。

创就业心理类课程包括创新创业教育、职业发展与就业指导、心理健康课程。

随着社会的发展，通识教育课程可能还要增加和调整。

2. 通识教育课程的教学组织与管理现状

(1) 通识教育课程的教学组织。从教学组织来看，教学组织与教学管理的边界不清，运动员与裁判员不分，没有按照学科与专业化规则组织通识教育课程的教学，违背了教育部的明文规定。比如，教务处直接组织通识教育课程教学，教学管理部门直接去做教学组织工作了。

(2) 非专业化管理。通识教育课程基本分散在不同的职能部门进行教学组织，而没有教学单位对通识教育课程的教学过程进行专业化管理，甚至有些教学要件都不齐全。这对将面临的本科教学工作评估来说，是潜在的风险。如果还由职能部门组织通识教育课程教学，大家可以想一想，各个职能部门有自己的事要做，事务性工作经常会阻断教学；在教学组织与管理方面，职能部门总是不如教学单位更专业；将来评估检查，有关通识教育课程的问题总不能由某职能部门某个处长来进行答复吧？

（3）非专业化教学。关于通识教育课程任课教师，具有专业背景的教师极少，这是全国各高校普遍存在的问题。教师学科结构、学历结构、职称结构不合理，基本属于“杂牌军”；教师数量缺口大；课程负责人选拔标准过低。

（4）课程内容不“通识”。从通识教育课程的内容来看，缺乏“通识”二字的味道。有些专业课被当作通识教育课，甚至有些学科的基础课被当作通识教育课。

3. 对通识教育学院的几点要求

（1）通力协作。不管是哪个部门，大家都要从办学教学的角度思考、讨论和解决通识教育课程问题。没有这个基点，不可能做好通识教育。

由于历史原因，许多事情需要一步步来，不必操之过急，希望通识教育学院敢于担当，做好教学组织与协调工作。

（2）组织建设。在组织建设方面，尽快出台课程负责人的资格条件和选拔标准，尽快落实课程负责人，尽快完善课程大纲。什么事情都是人去做的，所以选人特别重要。选好一个头，就能做到以一当十，事半功倍。建议以思政类、体美劳类、创就业心理类先期建设教学组织，逐步摸索经验。

（3）两效关系。既要按照国家要求开展通识教育，又要控制教学成本，尽量大班授课。

（4）开放教学。要广泛吸收校内外各单位、各部门、各类人员参与通识教育工作，要作好通识教育课的超前准备。当务之急是，通识教育学院要尽快通知各个学院至少提供两门通识教育课程，组织好审查。审定后，按照课程教学程序与教务处协商落实排课计划。教务处要主动提供支持。

4.4.4　在通识教育学院课程负责人会议上的讲话

1. 课程负责人制度

课程负责人制度，是指针对某个课程或某类课程，特别是授课对象众多、教学班较多、需要多位教师授课的课程，按照管理层次与管理幅度，设置课程负责人并由其牵头开展课程教学教改活动的一种教学制度。

课程负责人、专业负责人、学科负责人是高等学校教学工作中不同层次的教管骨干。

2. 思想基础

2008 年招生以来，我们走过了十几个年头。通识教育教学无疑是教学范畴的工作，但是我们过去没有从教学质量提升的角度和高度看待通识教育课程，通识教育课程游离于教学单位之外，一直分散在多个职能部门，造成教学信息不对称，教学管理不顺畅。近年，校内校外通识教育课程教学出现了一些问题，也有与教育部文件相悖的地方。

只要大家都从教育教学质量提升的视角和高度认识问题，那么什么问题都好解决，都能解决。在跨院系的通识教育课程教学组织工作中，学工处、招就处、图书馆、宣传部、实践中心、教务处等部门与通识教育学院积极配合、和睦协作，课程归口平滑过渡完成，这就是最好的证明。今天，我们把通识教育课程归口到教学单位进行组织，这是一件新生事物，需要大家逐渐适应；问题会不少，需要我们逐步解决。

3. 责权统一

通识教育学院是通识教育课程教师参与立项、评奖、晋职等申报的支撑单位和出口单位。通识教育学院在教学质量优秀教师推评、教师系列的职称申评、教改立项、教师进修、教学督查、教学评比、通识教育课程教师招聘等方面都有一定的话语权。学校也将在通识教育教学所需的人财物等方面给予其必要的支持。

通识教育学院要强化对通识教育课程负责人和任课教师的业务指导、教学监督、素质培养等工作。

4.4.5 在全校通识教育创新联席会上的讲话摘要

1. 通识教育的意义

如果说专业教育提供的是学科知识的深度教育，则通识教育提供的则是广度教育。通识教育是高校落实党和国家教育方针的一项重要任务，是培养大学生德智体美劳全面发展的教学内容之一。

2. 通识教育课程的特点

从学生来看，选课生源具有多样性，比如来自不同专业和不同年级。从任课教师来看，同一门课程，可能由于选修人数多，需要很多教学班授课，造成这门课程所需教师数量多。任课教师来源复杂，既有来自教学单位的，又有来自职能部门的。

从知识内容来看，主要是学科交叉、知识交叉。既有理论课程，又有理论与实践相结合的课程。从教材来看，有统编教材，有自编教材，也有讲义。从学分学时来看，一般都是学分少、学时少的课程。从授课方式来看，有观赏性的、演示性的、媒体性的、劳动性的、自学的方式融合授课。从考核方式来看，既有5级制，也有百分制；既有大作业，也有实践考核。从连续性上来看，一门课程，每个学期、每个学年都可以重复讲授。

3. 通识教育课程存在的问题

过去通识课管理比较松散，没有课程组负责人，没有归口管理，全校通识课采取自愿报名形式，只是在教务处备案，处于无人管理状态。很多通识教育课可能没有教材或自编教材，没有课程大纲，学时自报，可能命题与评阅、平时成绩把握等方面都不规范。据统计，全校的通识教育课教师来自10多个职能部门，最多的是辅导员。

4. 基于通识教育课特点的管理要点

（1）归口到教学单位。通识教育课程的上述特点表明，通识教育课程的教学组织与管理是一项繁重的任务，高校面临着巨大挑战。各个学校的管理模式不尽相同，但是有一点是相同的，那就是凡是学分课程，无论理论教学，还是实践教学，都必须纳入教学管理的范畴，否则教学就会出现混乱和发生重大教学事故。

无论理论课程还是实践课程，其管理必须落实到具体的教学单位，教学单位也必须落实具体的任课教师，只有这样才能做到责权利相统一，才能做到责任到人。

（2）通识教育学院主管业务。我校新的人才培养方案将全校通识教育课程归口到了通识教育学院统一管理，从历史教训和教学管理角度来看，这是科学合理的。各学院开设的通识教育课程也必须向通识教育学院报备并审核。通识教育课程教师既要服从通识教育学院的教学指导与管理，又要加强与课程相关职能部门的沟通。

通识教育学院的任务是代表学校从政治性、多样性、专业化三个角度，代表学校把好关，比如课程是否有政治问题？工作重点是对非教学单位任课教师进行教学业务指导。通识教育课程任课教师，教育背景不同，工作背景不同。课程要求与时俱进，并且有特色和知识交叉性，这就造成了教材难选，教学大纲难定。因此，任课教师要结合人才培养方案的要求，根据国家有关部门对课程的规范，结合我校学生的实际情况，通过知识的交叉形成自己的特色，逐步培养一个选课人数多，规模稳定的经典特色通识教育课。

（3）抓好课程负责人。一门通识教育课程可能需要多个教师授课，涉及的专业众多，学生人数多，这就需要课程负责人。课程负责人要敢于担当，精通业务，带好队伍，做好课程组的建设。今后我们也可以考虑课程组建设方案以及相应的奖励政策。

通识教育课程任课教师实行“属地化”责任认定的原则，其教学管理和事故认定都由所属单位负责。

（4）教学要求必须统一和规范。通识教育课程任课教师与其他课程任课教师的教学要求是一样的。无论是理论课程还是实践课程，无论采用什么样的教学方法，无论利用什么样的教学资源，授课就必须遵循专业人才培养方案，必须有课程大纲，必须有教案。在命题与评阅、课堂笔记、作业批阅、课后答疑、课程总结等环节必须符合教学规范。

4.5 教考分离

跨学科、跨专业的同门课程常有20多位教师授课。对此，我们需要真实获取不同学院、学科、专业内该课程学生考试平均分和及格率的波动数据，据此分析成因，制订措施，提出对策。教考分离制有利于客观评价课堂教学效果，加强教风学风建设，调动教师的工作积极性，促进学生的学习主动性，提高教育教学质量。

1. 实施教考分离的课程范围

跨学科、跨院系、跨专业的同门课并由2人及以上教师任教的课程都将逐步实行教考分离，特别是跨院系的公共课、跨专业的学科门类课、选课人数较多的公选课。

2. 教考分离的组织要求

为顺利推进学校教学管理科学化，要求教考分离课程要做到“三个统一”。

（1）统一教学日历。所属教研室组织任课教师编制统一的教学日历。

（2）统一教学内容与教学要求。所属教研室要统一教学要求。

（3）统一考试。统一试卷、统一考试时间、统一流水阅卷评分。

3. 教考分离的实施过程

（1）命题与组卷。

①依据与重点。命题依据首先是课程教学大纲，其次是教材及习题。从课程实际出发，处理好一般知识、基本理论和能力等方面的关系，注重分析问题与解决问题能力的考核。

②覆盖面与客观性。每份试卷内容原则上应覆盖本学期教学内容的80%以上。知识点、能力点分布大致均匀，题型要多样，尽量减少主观性考题。

③考试时间与难度比例。建议单课考试时间为120分钟；试卷中较容易、中等和较难试题的比例一般以3∶5∶2为宜。

④组卷与分装。试卷由教务处指派人员按学校标准试卷格式进行组卷、安排印制，按考试班级、专业分装。

（2）考试组织。

①由教务处负责统一组织。教务处要对教师进行标准化试卷制作、试题类型要求等方面的培训。

②教研室根据教学大纲要求，可以向学生公布考试大纲、考试范围、命题思想、试题形式等内容。严禁以复习题的形式，公开试题。

③监考教师必须严格执行学院有关考试的规定。

④试卷封装要求。考前将试卷和相关材料放入试卷袋中密封。

⑤考试结束，试卷要全部回收，严禁学生将试卷带出考场。

（3）评卷。

①由教务处和院（系）部协调安排，采取流水作业方式进行集体阅卷。

②其他评卷要求按照学校文件办理。

③各院（系）部要组织作好本单位教考分离课程的试卷分析与工作总结，并上交教务处。

4. 教考分离结果分析

一门课程，多人授课。同期同时同卷考试之后，不同教学班的成绩分布不一。根据各个教学班的考试成绩，要进行多维度的分析，表彰先进，约谈后进，不断促进教风和学风的改善。

5. 其他

教考分离实行校院两级管理制度。每学期开课之前，二级教学单位可以事先报备自行教考分离的课程清单，并由二级教学单位组织实施，学校仅进行复查或抽查。

4.6　流程再造 标准化管理

4.6.1　在试卷印刷流程简化工作会议上的讲话摘要

1. 旧流程

①任课教师（组）命题；②教研室主任签字；③教学院长审批；④学院教秘审核；⑤教务处汇总；⑥试卷印刷；⑦教务处汇集；⑧学院教秘领卷；⑨任课教师领卷和分卷。

从部门看，涉及 4 个部门（专业、学院、教务、印刷厂）。从人员看，至少涉及 4 个部门的 6 个人（任课教师、主任、院长、教秘、试卷管理员、印刷工）；从流程看，需要闭环 9 个步骤。可见，环节多，经手多，保密性差，事故多，效率低，教管工作量大，成本高。

2. 新流程

①任课教师命题；②教研室主任审定；③任课教师到教秘办领印刷凭证；④印刷厂印刷试卷；⑤任课教师领卷和分卷。

实际上，新流程实行的是任课教师责任制。从部门看，涉及 3 个部门（专业、学院、印刷厂）。从人员看，至少涉及 3 个部门的 4 个人（任课教师、主任、教秘、印刷工）；从流程看，需要闭环 5 个步骤。可见，环节减少 1 个，经手减少 2

个人；任课教师独立经手，保密性增强，事故减少，效率提高，院校两级教管工作量降低，劳动成本降低。

3. 实例

试卷印刷凭单（第一联） 编号：

学院（部门）名称：	专业名称：
课程名称：	课程代码：
试卷页数（A4）：	试卷份数：
答题纸份数：	草稿纸份数（A4）：
试卷袋份数：	
备注：	
经手人：	审批人：
	年 月 日

4. 实践效果

经过几年的实践证明，新流程减轻了教师的工作量，提高了工作效率，降低了劳动成本，深受教师欢迎。

4.6.2 在大学英语四六级考务培训会上的讲话

1. 提高认识

大学英语四六级考试是教育部主管的一项全国性的英语考试，省市考务部门将亲临督查，我们必须高度重视，不得有误。大学英语四六级考试是学校教育教学工作的一部分，是对英语教学质量的检验，是对教学组织与管理的一次考验。

我们提出了“早布局、早备战”的指导思想，确立了“分工要早下、师生要早教、设备要早调、卫生要早清”的工作方针。

作为一项重要的教育教学工作，也要做好事后的总结和评比工作。

2. 协同作战

大学英语四六级考试由教务处牵头，涉及安全、防疫、卫生、学工、信息、后勤等部门，是一项综合性、系统性工作。因此教务处既要牵好头，更要协同作战，统一领导，分工协作，哪个环节都不能出漏洞，要落实一把手责任制。

3. 标准化管理

今年全校首次统一制作了百余张可复用、标准化的“特别提示”挂件，替代了往年监考老师现场抄写“特别提示”内容的工作。这不仅使得工作更简便、更标准化，也避免了板书字迹潦草，影响“市容”的现象。

监考人员每人发了一个袋子，里面装有胶水和桌贴、探测仪、耳麦和电池、一瓶矿泉水，这大大减少了领发次数。

考前晚上实行业务培训、演练和封楼制度，将考场试音、自备电应急启动及考号粘贴等工作集中提前做好，避免考试当天早上忙乱出错。

4.6.3　在学士学位论文指导文件发布会上的讲话摘要

1. 文件形成过程

我校的学士学位论文指导文件由三部分构成，分别是写作规范、指导手册和模板。参与该文件撰写的人员是来自各个学院的教授，在组长纪威的牵头下，历经半年多的时间完成。编写专家参考了国内多所知名高校的相关文件，继承了国家、省及既有的文件规定精神，并召开了文件解读会，广泛征求了各学科教师的意见与建议。

2. 文件五个特点

（1）针对性。2020 年 7 月，学校组织校外同行专家匿名对 2020 年应届毕业生论文进行抽查，根据电子、机械、哲社、艺术四大学科分类，按照专业随机抽取两篇论文开展检查。检查发现，论文不规范问题较多较严重。同月，就此次论文检查结果召开了“基于外审专家意见谈毕业论文问题对策”的网络会议。因此，学士学位论文指导文件源自问题驱动，具有很强的针对性。

（2）专业性。文件编写吸取了实际论文指导中的经验教训，强调实证，因此，只有专业的老教授才能做好此项工作。教授是治学最核心、最主要、最权威的力量，重视教授才能办好大学。教授和博士的数量决定了院系的未来发展，必须重视教授，充分发挥教授的作用。因此，文件编写工作是由具有 30 余年教龄，仍然工作在教学一线的重点大学教授组织完成的，具有很强的专业性。

（3）广泛性。文件编写成员来自各教学单位和相关职能处室，并在编写完成后组织召开了文件解读会，广泛征求了教师意见与建议。因此，文件具有广泛性。

（4）扩展性。指导文件只明确了共性的指导意见，例如，无论是指导教师，还是评阅人和答辩小组的评阅意见，都是一个共性标准，避免了总体标准不统一，重点不明确的问题。

留有足够的专业扩展空间，允许各教学单位结合专业特点和实际情况补充更详尽的内容。

（5）实用性。指导文件的编写由问题驱动，并且广泛征求多方意见与建议，表格制作充分考虑合理性。因此，指导文件更加简单实用，经过一轮使用以后，将不断地进行修订和完善。

3. 会后要求

后续会陆续编写毕业实习报告、实训报告、实验报告、命题与试卷报告等模板。

4. 实例

学士学位论文指导文件由四部分组成，分别是指导手册、论文规范、模板和评分标准。因篇幅受限，这里仅以某专业的目录作为示例。

（1）学位论文指导手册的内容。

前言
任务书
第1次指导记录表
开题报告
第2次指导记录表
第3次指导记录表
第4次指导记录表
第5次指导记录表
第6次指导记录表
指导教师评阅意见表
评阅教师评阅意见表
答辩小组评议意见表
成绩单

（2）学位论文的规范与模板。

目 录

◢ 第1章 学生学位论文各部分的写作要求
1.1 学士学位论文的各部分组成及装订顺序
◢ 1.2 页面要求
1.2.1 打印纸要求
1.2.2 页面设置
1.2.2 页眉与页码
◢ 1.3 学士学位论文各部分写作要求
1.3.1 封面
1.3.2 学位论文原创性声明和使用授权书
1.3.3 中文摘要及关键词
1.3.4 英文摘要及关键词
1.3.5 目录
1.3.6 正文
1.3.7 结论
1.3.8 参考文献
1.3.8 致谢
1.3.9 附录
◢ 第2章 参考文献著录规则及注意事项
▷ 2.1 参考文献著录方法
▷ 2.2 文献著录中应注意的若干问题
参考文献

（3）学位论文的基本要求与评分标准（见表4-1）。

表4-1　学位论文的基本要求与评分标准

1 题目	选题符合专业方向，体现专业特色，具有一定价值	15
2 思路	总体思路清晰，技术路线明确	20
3 内容	内容结构合理，方法科学，数据、图表、模型、仿真等标准规范	30
4 达标	研究目的明确且达标，标题与内容呼应	15
5 格式	格式规范，工作量饱满，条理清晰，文笔流畅	20

4.6.4　在省级一流本科专业建设项目校内验收会上的讲话摘要

昨天在省级一流本科专业建设项目校内验收会后，教指委主任和教务处处长汇报了验收的基本情况，提出了很好的建议。会上教指委专家对3个报告提出了很多意见和建议。现在省教育厅要对建设项目进行验收，看看建设项目建设没有？怎么建的？建成什么样了？

我校一流本科专业建设项目要避免出现“烂尾工程”，即只有一个“框架”没有“窗户”，“水电气”没通的现象，也就是没有支撑材料和标志性成果。标志性成果现在准备已经来不及了，但是支撑材料还是可以充实一些。把一流本科专业建设项目进行下去，需要全校相关部门“捐款”，这个“捐款”就是支撑材料。例如，对图书馆来讲，提供本专业相关图书的种类、总数、投入等数据。立项单位自己要搞清需求，虚心学习，主动工作。各相关部门要积极配合，大力支持。只有大家通力合作，都从学校学科建设和专业建设的大局出发，才能圆满完成这项工作。

实践与“双创”：有效性 标准化 导师制

本章主要由与实验实践管理工作相关的会议讲话摘要构成。这些讲话的基本思想和主要做法是：由于实验室建设涉及投资、空间、专业特点和学生数，是一项极为复杂的工作。因此，要重视调研，提倡开现场会，坚持民主集中制的原则。强调实验室建设首先应当满足课程实验的需要，提倡以软代硬的实验室建设思想，大学生竞赛实行导师负责制。

5.1 在基于面积利用率和投入产出比的实验室调整会上的讲话摘要

为了提高工作效率，我先做一个主旨发言，是一个原则性的建议，敬请指教。今天的会，只是亮数据，摆事实，讲道理，敬请各位要理解，不要误解。

有些场合，对一些大事，特别是涉及不同部门利益的事情，总得有人带头表态，秉公担当，主管领导就是这样，就像一个大法官。

我非常欣赏也愿意重温李强总理在2023年3月13日记者会上的讲话，“在办公室听到的都是问题，下去看到的都是方法，高手在民间”。这就是毛主席说的群众路线，“没有调查，就没有发言权”。上周日，我与实践管理中心杨金祥主任下去走了一圈，看了一遍，并进行了实地拍照，那么所看到的和数据统计到的情况是怎样的呢？

5.1.1 现状与问题

通过照片播放，我们可以看到，除了正常的院系行政面积分配，第一和第二实验楼本应用于正常的实验教学，但是已经被瓜分得四分五裂，有的用于实验教学，也有的被行政单位、学生团体、项目组和产学研所占用。哪个楼，哪个楼层，都有这种情况发生。不同学院所占房间有多有少，面积有大有小，有的房间长期无人使用，灰尘很厚，设施混乱。实验楼人员混杂，无人管理，安全隐患很大。这种无理占用，无序占用的情况不能再继续下去了。

非实验教学所占的房间和面积以及关联单位详见数据表，面积合计数大约在

800 m^2。请大家注意，这些数据并没有计入本次的实验室面积利用率和投入产出比的数据表中。

基于全校各专业使用某实验室的生时数之和，我们可以计算某个实验室的面积利用率和投入产出比，进而得出各学院的单位生时之面积、单位生时之投入，或者说单位面积生时数、单位投入生时数，详见表 5-1。该数据表反映了面积利用率投入产出比。

表 5-1 各学院实验室使用情况统计表

序号	学院	共用实验室专业数	2022 级生数	共用的人时数之和	本院实验室总面积/m^2	本院总人时数/总面积/（人·时/m^2）	与人·时/m^2 均值的差	资产设备值/万元	本院总人时数/资产设备值（人·时/万元）	与人·时/万元均值的差	备注
1	电子与电气工程学院	3（本院）+12（其他）	2 767	159 936	2 332.80	68.56	-4.81	530.62	301.41	-11.69	机械、化工、交通、土建、计算机、培训
2	轨道交通学院	2（本院）	402	31 664	477.60	66.30	-7.07	404.08	78.36	-234.74	
3	机械与动力工程学院	4（本院）+2（其他）	867	44 500	1 825.90	24.37	-49.00	213.62	208.31	-104.79	土建
4	计算机与信息技术学院	5（本院）	1 148	163 936	1 108.80	147.85	74.48	316.20	518.46	205.36	
5	土木建筑工程学院	3（本院）+6（其他）	1 258	77 318	1 425.70	54.23	-19.14	188.20	410.83	97.73	机械、轨道、经管
6	化学与制药工程学院	2（本院）	197	44 016	558.00	78.88	5.51	121.85	361.23	48.13	
理工科：平均值			1 106.5	86 895	1 288.13	73.37		295.76	313.10		
7	经济管理学院	7（本院）+3（其他）	1 727	136 664	325.60	419.73	205.08	197.12	693.30	128.03	计算机、土建
8	外国语学院	2（本院）	393	73 632	406.80	181.00	-33.65	88.80	829.19	263.92	
9	艺术学院	4（本院）	289	13 568	313.92	43.22	-181.43	78.29	173.30	-391.97	
非理工科：平均值			803	74 621	348.77	214.65		121.40	565.27		

我们将工科和文科分开计算出各自中间值，工科的平均单位面积人时数大约为70，平均单位万元人时数大约为300；文科的平均单位面积人时数大约为200，平均单位万元人时数大约为600。不同的学院数值与中间值差距不尽一致，有的差距很大。不同专业的单体实验设备仪器体积有大有小，价格有低有高。一般规律是，对于一个专业来讲，体大价高的设备仪器所需数量也少，所占面积也小。

我们坚持既往不咎、面向未来、协商解决的思想来处理问题。

5.1.2 当前实验室建设重点

在历史欠账多，资金紧张，面临本科教学工作合格评估的紧迫形势下，实验室建设的重点是“三个倾斜”，主要在面积和投入方面。

（1）侧重2024年3月5个新专业（计科学院的数据科学、电子学院的人工智能、机动学院的智能制造、土建学院的建筑环境与能源应用工程、化药学院的制药工程）的学士学位授权评估。

（2）侧重实验教学，比如实验学分（学时）占比大的课程所需的实验室建设。

（3）侧重全校性公共实验室建设。

5.1.3 管理思想

1. 求真务实

当下，我们需要实事求是，做好内涵式发展，先保学时占比较大的实验教学的正常进行，不提倡高大上，不摆花架子。

2. 分类管理

要依据用房性质，划清房屋管理边界。行政用房、学生用房、项目用房、产学研用房，都要按照职能管辖来进行管理。实验室应分类管理（学校共用、学科共用、专业独用），科学分配（既要考虑生时面积和生时投入，也要考虑专业规模，设备仪器的安全、数量、体重等）。

3. 最小公倍数

新实验室要以行政班人数（30名学生）作为最小公倍数来考虑建设。

4. 空间的问题

空间上，实验室要合理布局，相对集中，不能超标办公。

面向学生“双创”活动和参赛所需的空间问题，建议第一实验楼的校级“双创”空间和院级创新实验室通盘考虑，成果共享，二级管理，政策引导，指标考评。或许校级和院级的大学生专业实践活动室统一集中到第一实验楼的1楼，既便于管理，也有利于对外窗口展示，这个问题交由实践委研究决定。

5. 公共机房

在公共学时上，计算机基础课可否由指定选修课改为任意选修课，减轻校级公共机房的压力。

6. 统一规划

坚持公平的原则。除了全校性的大学生“双创”实验室面积，个别学院还有自己的大学生“双创”实验室。学院实验室一律收回，或者纳入新实验室建设考虑。如果各个学院确实需要大学生“双创”实验室，需要申请和审批。

7. 以软代硬

鼓励以软代硬。在今天的网络时代、信息时代、智能时代，许多实验，特别是那些观赏性、演示性、实验学分占比小的实验，完全可以通过无续费要求的仿真软件来实现。经管院 7 个专业 20 多门课程实验都是通过仿真实现的，共享性强、使用便捷、安全性高、故障少、稳定性强、投资低、维护费用少，实验教学的效果也不错，有利于实现跨院系、跨学科、跨专业的设备共享，数据表也说明了问题，当然并不是什么实验都可以通过仿真软件来实现。个别专业实验完全可以利用校院两级的公共机房挂牌共享。我们对共享资源的院系将给予必要的倾斜政策。

8. 大局为重

坚持大局为重的原则。从空间看，实验设备仪器体积有大有小，所需面积不尽一致；从投入看，不同专业的设备仪器价值不同，投入有多有少，因此分配方案不尽完全科学合理，不是一个最优解，只是一个满意解，提出的原则只是各学院的参照系。因此，各位院长要有大局意识，要从学校的全局来考虑问题，一味地强调自己的特殊性，不利于问题的解决。当然，对于理由充分、确实需要的，可以提交实践专委会研究决定。

9. 合理利用

实践管理中心要对各楼走廊的空闲空间提出改建方案，以便扩大利用面积，为新专业申报和实验室发展做好准备。

5.2 在实验室申报听证会上的讲话摘要

今天听证会的专家由本校的实践专委专家和外请专家构成。专业教学分为理论教学和实践教学。实践教学一般都会有一个或若干个新的实验室与之配套，不需要实验室的专业极少。

5.2.1 行政班基数

一个新的实验室申报，先统一按照行政班（30 人）为基数，主要考虑所需的面积和投入，这样便于横向对比和计算分析。

5.2.2 调研先行

本专业的每年招生数是多少？你实地调查了哪些院校？行政班人数是按照多少人计算的？面积有多大？投资有多大？你实地查阅了哪些资料？要提供所需设备仪器采购的生产商、规格型号、技术参数、价格等，单价依据和来源是什么？单台设备仪器所占面积是多少平方米？是否已经有了较为完整的总体设计和详细设计图纸？如何布局？

新实验室建设投入巨大，我们必须对新实验室建设的经济效益和社会效益高度负责，不能留后遗症，不能出现重大失误，这样的教训已经够多了。各学院还要根据大家的意见进一步调研和分析，进一步修改论证报告，并将再听证和评审。

5.2.3 课程实验为主

在详细设计方面，不搞观赏性实验，演示性实验也要合理控制，重点要围绕学生消化理论知识和提升动手能力的课程实验，并将其与单元知识有机有序地联系起来，构成完整的专业实验体系。因此，每个设备仪器都要依据新的人才培养方案，列表说明对应什么课程，哪一个单元，什么理论知识，多少学时，是演示性还是操作性实验。

5.2.4 几点建议

1. 主动合作

建议大家到相关的研究所和企业走一走，看一看，鼓励各学院通过校企合作建设实验室和培养人才。为了提升社会适应性，论证报告也将征求有关公司的意见。

2. 软硬兼施

软件与硬件要一并考虑，并阐明相互之间的关系，尽量不用或少用续费软件。

5.3 关于课程实验急需仪器设备问题的指导意见

5.3.1 现状

今年的实验教学经费短缺严重，历史积累问题众多，目前部分课程实验都难以开设。我们需要面对现实，实事求是，重点解决急需的课程实验所需的仪器设备。

5.3.2 范围限定

工具、维修用品、实验环境建设、易耗品不属于实验仪器设备投资，暂时不考虑；

价格昂贵的大型系统软件、开发软件本次基本不考虑；

演示性、观赏性、非单元性知识的实验仪器设备暂时不考虑；

要兼顾申报专业的历史投资、专业规模和生源的稳定性。

5.3.3 对申报单位的要求

各申报单位汇报要求（PPT 汇报，每个拟购件讲解 3 分钟以内）：

（1）拟申报的课程实验所需设备仪器是否属于本学年急需的，哪个年级和专业，课程名称及其性质。

（2）带教材和课程大纲来，现场说明该实验对应哪些单元知识点或原理、机理、模型等，如何对应课程大纲？

（3）拟购设备仪器的名称，要说清报价来源和价格比较结论，要有图片展示或视频演示并讲解工作原理和课程关系。应提供必要的网络链接说明问题。

5.4 在实验易耗品预算听证会上的讲话

5.4.1 开创先河

这是建校以来首次关于实验易耗品的预算听证会。对管理者来说，是一种了解情况和交流经验的机会，有利于提高实验实践教学管理的能力与水平。

对预算申报者来说，通过自述、数据比较、举证、专家质疑等环节，既可以看出申报者的业务水平，也使得方案更合理、更经济。

这次会议是民主会、专家会、促进会。

5.4.2 总体概况

我校共有 10 个院系，35 个专业。实验实践教学涉及 5 个板块，分别为实验室、实训基地、实习基地、金工厂、大创中心等。

5.4.3 基本思想

要厉行节约，废物利用，不能拍脑袋。该花的钱必须花，不该花的钱一分也不能花，这不是有钱没钱的问题。

要实行奖励制度，对那些节约钱、通过维修省了钱的教工要进行大力度表彰奖励。

不管说什么，要什么，一定要依法合规，有理有据，要能够说明需求数是如何计算得出的，单价是从哪里得到的。

实验实践管理中心要把队伍建设的工作重点放在实验员的教学水平和维修能力上，通过能力的提升来降低实验教学的成本，而不是放在一些日常性、事务性的工作上，这个问题必须从根本性、历史性、习惯性上认识和转变。

5.4.4 基本原则与要求

（1）要按照学期和学年进行预算，预算要合理，要有计算依据。

（2）要厉行节约，要废物利用，要通过提升人的素质来降低实验教学成本，要设立节约奖励制度。

（3）公共实验工具要集中管理，各专业实验室到中心借用。

（4）要按院系和专业进行实验成本分析，要实行年度考核制度。

（5）实验实践管理中心要加强与各个院系和专业的协调与沟通，要采取专家听证会的形式进行费用审定，并列为审批依据。

（6）实验实践管理中心要考虑评优奖励、日常办公、队伍实验能力提升、环境改善、对外交流等方面的运转费用，要统筹管理、重点管理、有效管理，特别是设备仪器的日常维护保养技能方面的培训。

（7）实训基地、实习基地建设方面的费用一般落实在专业上。因此，此项费用要按照专业进行管理，可能包括调研、保险、劳动保护、合作等费用。原则上，实习按照分散实习安排，校内或周边可以安排集中实习。学生就业方面的实习暂时不考虑。

（8）实验设备仪器经常需要保养、维护、更新。这可能需要消耗品、易耗品、劳保用品、化学试剂等。要废物利用、重复使用和提高设备维护保养的能力与水平。

（9）大创费用要和大学生创新创业立项相结合，要出成果、出作品、出样机，要获奖、要做品牌。

5.5 在专业学科竞赛管理规程研讨会上的讲话摘要

5.5.1 现状与问题

站在学校层面看，参赛数量不少，种类繁多，但是获奖过于集中在低层次主办单位颁发的奖项上。

没有建立大学生专业学科竞赛管理制度，二级学院和主管单位审核不严，把关不严。参赛的专业特点不突出。

申报者逐利意识明显，把申报奖励当作获利渠道来思考，有的教师盯住一个低档次竞赛，年年申报，年年获奖。

5.5.2 管理规则的特点

我校出台了《大学生专业学科竞赛管理规则》。规程的主要特点是：按照专业进行管理，每个专业每年都给参赛机会，且每项参赛经费都有标准，超出部分由实践委研究决定。

5.5.3 注重有效性

主办单位级别和获奖等级是评价、评比、政策调整的主要依据。

我们的参赛获奖必须能够拿到桌面上来，本科生评估能够参考。因此，这次学科竞赛只分为国家级和省部级。我们是高校，因此必须按照高校这样一个教育主线来思考问题。国家级学科竞赛是指由教育部及其委托的相关专业教学指导委员会组织的学科竞赛以及由社会机构组织的已经在全国高校范围内产生重大影响力的比赛。省部级学科竞赛是指省部级国家机构及其委托的相关学科竞赛以及国家一级学会组织的学科竞赛。

5.5.4 实行导师负责制

新的奖励办法取消了导师和学生分别奖励的模式，主要依据奖励的等级按团队来进行奖励，也就是团队导师负责制，这样有利于大赛管理，有利于导师对奖金的合理分配。

第6章

科研管理：培育归口 预立项制度

本章主要由科研管理工作相关的一部分会议讲话摘要构成。这些讲话的基本思想和主要做法是：集中资源才能做大做强。归口管理，全校一盘棋。由于学科专业差异大，成果来源复杂，主张既要定性与定量相结合，又要充分相信专家教授，重视专家教授的民主意见。

6.1 在科技特派员工作会议上的讲话

6.1.1 科技特派员工作的意义

科技特派员制度是河北省科技兴省、科技强省的一项重要创新性举措，为校企之间科技合作搭建了一个桥梁，充分发挥了高校的学科优势、人才优势和技术优势。对我校来讲，在教学改革、科研工作、产业化合作等方面将起到积极的作用。

6.1.2 关于开展科技特派员工作的几点建议

1. 设立专项科室

我校科技特派员工作室（简称“工作室”）作为科技处的专项科室，要充分利用这次机遇，发挥引领作用，把我校科技特派员工作做成省内民办高校的标杆。工作室是特派员的纽带，是服务队，是宣传队，要放权放钱。工作室要注重历史资料的积累与整理，给出必要的规范和标准，可以精编成册。

2. 做大做强

科技特派员是各个学科、各个学院进行校企科技合作的火种，星星之火，可以燎原，你们要努力工作，依托学院和学科，思想要开放，团队要交叉，争取把这项工作做大做强。特派员要与学院和科技处保持信息通畅。

3. 量化考核

工作室要对特派员进行量化或实证考核，要总结经验，表彰先进。特派员要结合自己的学科和专业特长，用数据或事实说明自己干了什么，怎么干的，干的效果如何。

4. 扩展融合

科技处要敢想敢闯，要与教务处、实验中心等有关部门一起，思考如何通过该渠道将实习基地建设、毕业论文选题、人才培养方案修订、项目联合申报、产教融合、大学生“双创”等工作紧密结合起来。这个问题可开个专题研讨会商议。

6.2 校内培育项目要实行归口管理，全校一盘棋

6.2.1 什么是校内培育项目

校内培育项目是由校培育基金资助的项目，主要是面向青年教工，为了培养他们的科学研究能力，加快师资队伍建设速度。

6.2.2 存在的问题

1. 各自为政

过去校内培育项目由各个职能部门根据自己的业务需要立项，由财务拨款。校内培育项目有科研培育项目、教改培育项目、党政培育项目、学工培育项目，甚至还有招就业培育项目等。

2. 管理不规范

过去校内培育项目不是由学校的科研部门进行专业化管理，出现了申报书格式五花八门，过程缺乏监督管理，项目经费缺乏统一标准，验收流于形式，输出成果不显著等问题。

6.2.3 对策：实行归口管理制度

我们必须站在学校的层面，回答为什么要设立校内培育基金，主要应投向何方，期望什么样的产出。

校内培育基金，不是行政经费，是研究经费。要研究国家、行业和学校急需解决的一些科学问题、专业问题和发展问题，要面向青年教师培养他们的科研能力，培养他们争取校外科研经费立项的能力。校内培育项目必须有输出承诺，比如在文著、高水平立项、咨询服务、成果转让、人才培养等某个方面明确数量与质量。没有产出的投入，就是一种浪费。

我们必须实行校内培育基金和校内培育项目的统一管理，归口管理，此项工作归口到科研处总体负责。各职能部门可以进行初评和推荐，但最后必须到学校

层面的大组进行专家评审。校内培育项目可以进行分类设立，比如科研类、教改类等。校内培育项目的归口管理和统一管理，消除了重复或近似立项，有利于提升项目质量，降低了科研成本。

6.3 关于科研成果的评价与认定的几点建议

6.3.1 几个疑问，无穷解

对每个评价对象描述和评价，比如期刊，你能穷举吗？对每个评价对象，比如一篇文章，你能给出精准的评分吗？你对各个学科都了解吗？正因如此，需要学科组评议。对每项成果的认定，你信谁的话？是个人吗？还不是得参考官方的、行规的（公认性）、专业人士所言。职称评定是看论文数量还是看水平？

6.3.2 基本原则

因不可穷举，故只能抓大放小。因不可精确评分，故采用区间数和权重来评价。因存在特殊性，故只能实行个人举证，专家评议。主要看论文水平，故看代表作及其专业相关性。要有可信度，故主要参考官方文件、行规和专业人士的共识。要考虑高校职称评定的特点，故要注意成果与学科或岗位的相关性；注重学术性，即理论与方法；重视应用性，即社会效益与经济效益。

6.3.3 学术类

1. 文章

（1）文章的有效依据（资格）。文章须刊载于有刊号的正规发行的期刊。不采用“国家级刊物”的概念，因为这是一个行政概念，不是一个学术概念。不建议采用顶级、权威、影响等概念，因为这不是学界和高等学校普适性的概念，因为“顶级”是一个绝对的概念，不存在顶级，只能类比；“权威”的概念比较模糊和语言化，“权威”主要看“引用率”和专业评价，比如“高被引”。第一作者和通信作者有效。“影响”体现在“影响因素因子”中。

（2）文章的大类划分。高校和研究所的通用做法是认定国际三大索引期刊、中国核心期刊，具体可以分为 SCI、SSCI、A&HCI，CSCI、CSSCI、CSCD，EI、ISTP，核心、非核心四类，仅供参考。文章可以发表于国内与国外，包括网络版、扩展版、增刊、会议论文、网络作品、广播作品等类型。

（3）分类原则。采用通用做法分类；即使同一大类，文章不同，其学术水平也千差万别。因此，评分采用区间数。除同行评审认定的分类文章外，其余一律由个人举证，专家评议。

（4）评价指标。包括与学科相关度、类别、影响因子、引用率、期刊知名度等。

（5）高水平论文。指国内期刊高被引论文、最具影响百篇论文、CNS 论文［CNS 是《细胞》（*Cell*）、《自然》（*Nature*）和《科学》（*Science*）三大顶级期刊的简称］、ESI 高被引论文。根据 ESI 数据库的界定，高被引论文是指近十年间累计被引用次数进入各学科世界前 1%的论文。

2. 著作

（1）著作的有效依据（资格）。著作须由国家正规出版社出版，须有书号。

（2）著作的大类划分。国内与国外出版物；国家级、省部级、一般出版社；学术与非学术著作；有官方文件认定的与无认定的，如特色著作、规划教材等；专著、编著、译著、校著。

（3）基本原则。本次只对国内出版物进行评价；必须有书号；除同行评审认定的成果外，其余一律由个人举证，专家评议。出版社的级别为评定的重要参考依据，高校重视重点大学出版社、“中国”字样的出版社和行业出版社。

（4）评价指标。包括与学科相关度、学术性（非普通读物）、本人贡献（字数、主编、参编）、影响力（有认定荣誉、发行量）等。

3. 学术会议

（1）会议的有效依据（资格）。官方的或国家一级学会（研究会）及其分会主办的、有邀请函的学术会议。协会一般不在考虑之列。

（2）会议的大类划分。国外与国内；官方与非官方；学术与非学术；国际、国家、省部级；目录内与目录外；高校对学会（个别研究会）的国际学术会议尤为关注，比如中国科协发布的重要国际与国内会议。

（3）基本原则。除了同行评审认定的，其余一律由个人举证，专家评议。

（4）评价指标。包括与学科相关度、重要会议目录、级别、主办单位、大会报告、分组报告等。

6.3.4 科研类

1. 科研立项

（1）项目的有效依据（资格）。纵向有任务书批文，横向有经费。纵向科研立项归政府科研管理部门及其他政府部门批准和资助。处级项目，不在本次考虑之列。

（2）项目的大类划分。国外与国内；纵向与横向；国家级、省部级、厅局级；重大、重点、一般项目；指令性与指导性；高校中，对基金类项目尤为关注，比较重视自然科学基金和社会科学基金项目。基础研究项目包括国家重点研发计划项目、国家重点基础研究发展计划项目、国家自然科学基金项目、国家社会科学基金项目、教育部人文社会科学研究项目等。

(3) 基本原则。外部认定的客观性；只对国内项目进行评价；除同行评审认定的成果外，其余一律由个人举证，专家评议。

(4) 评价指标。包括与学科相关度、项目负责人、项目类别（纵横）、级别、资金来源单位、经费额度。

2. 科研获奖

(1) 奖项的有效依据（资格）。有官方批文或证书。科研获奖归政府科研管理部门及其他政府部门评审和资助。全球性科学奖项，包括诺贝尔奖、菲尔兹奖、邵逸夫奖等。国家级奖励，包括国家科学技术奖、教育部人文社科奖等。省部级奖励，包括教育部科技奖、省级科技奖励、省级人文社科奖励等。处级获奖，本次不在考虑之列。

(2) 奖项的大类划分。国外与国内；国家级、省部级、厅局级；高校对基金类项目尤为关注，比如国家自然科学基金和国家社会科学基金项目。

(3) 基本原则。外部认定的客观性；只对国内项目进行评价；除同行评审认定的成果外，其余一律由个人举证，专家评议。

(4) 评价指标。与学科相关度、项目负责人、项目级别、资金来源单位。

6.3.5 服务类

1. 智库

高端智库，包括全球智库排名、国家试点高端智库、CTTI 来源智库、省级重点智库。“中国智库索引”（Chinese Think Tank Index，CTTI）是南京大学中国智库研究与评价中心和《光明日报》智库研究与发布中心合作开发的智库数据管理与评价系统，旨在为我国党政机构、学术界、媒体界和社会公众提供真实和优质的智库机构信息和严谨的专家信息。

国家级、省部级、厅局级咨询报告的认定，必须有主要领导的批示或批文，或采纳后的经济效益与社会效益证明。

2. 专利与软件著作权

(1) 专利的有效依据（资格）。有国家专利局官方批文或证书的；学校挂名。

(2) 奖项的大类划分。包括发明专利、实用新型专利、外观设计专利三种类型。高校对发明专利尤为重视。

(3) 基本原则。只考虑国内专利；除同行认定的成果外，其余一律由个人举证，专家评议。

(4) 评价指标。包括与学科相关度、专利质量、技术先进性、专利选用及保护措施、社会效益与经济效益。专利成果技术转化奖项，包括中国专利奖、政府出版奖，以及专利成果转让收入等。

3. 制订标准

标准的制订一般是由专业团队与政府部门共同完成的，包括国家标准、行业标准、地方标准等，一律由个人举证，专家评议。

评价指标。起草人或排名、级别。

6.3.6 评分标准参考表示例

评分标准参考表示例见表6-1。

表 6-1 评分标准参考表示例

<table>
<tr><th>大类</th><th>子类</th><th>小类</th><th>区间数上限值</th><th>主要参数</th></tr>
<tr><td rowspan="9">学术类（上限分 X）</td><td rowspan="4">文章</td><td>SCI/SSCI/A&HCI</td><td>A 分/篇</td><td rowspan="4">正版、引用率、影响因子、期刊知名度、第一或通信作者</td></tr>
<tr><td>CSCI/CSSCI</td><td></td></tr>
<tr><td>EI/CSCD</td><td></td></tr>
<tr><td>ISTP/核心</td><td></td></tr>
<tr><td rowspan="3">著作</td><td>省部级以上</td><td>B 分/部</td><td rowspan="3">排名第一、学术性、本人贡献、影响力</td></tr>
<tr><td>重点大学出版社</td><td></td></tr>
<tr><td>一般出版社</td><td></td></tr>
<tr><td rowspan="2">会议</td><td>政府主办的学术会议</td><td>C 分/次</td><td rowspan="2">重要会议目录、主办单位、大会报告、分组报告</td></tr>
<tr><td>一级学会学术会议</td><td></td></tr>
<tr><td rowspan="7">科研类（上限分 Y）</td><td rowspan="4">立项</td><td>国家级</td><td>D 分/项</td><td rowspan="3">项目负责人、类别、资金来源、经费额度</td></tr>
<tr><td>省部级</td><td></td></tr>
<tr><td>厅局级</td><td></td></tr>
<tr><td>有经费横向课题</td><td>G</td><td>经费额度，X 分/万</td></tr>
<tr><td rowspan="3">获奖</td><td>国家级</td><td>D 分/项</td><td rowspan="3">获奖排名与等级、奖项类别、批准级别</td></tr>
<tr><td>省部级</td><td></td></tr>
<tr><td>厅局级</td><td></td></tr>
<tr><td rowspan="6">服务类（上限分 Z）</td><td rowspan="4">智库</td><td>CTTI 专家</td><td></td><td>国家级还是省部级智库</td></tr>
<tr><td>国家级报告</td><td>H 分/篇·次</td><td rowspan="3">批示领导的级别、经济效益和社会效益</td></tr>
<tr><td>省部级报告</td><td></td></tr>
<tr><td>厅局级报告</td><td></td></tr>
<tr><td rowspan="2">专利</td><td>发明专利</td><td>1 分/项</td><td rowspan="2">排名、社会效益与经济效益、获奖</td></tr>
<tr><td>实用新型</td><td></td></tr>
</table>

续表

<table>
<tr><th>大类</th><th>子类</th><th>小类</th><th>区间数上限值</th><th>主要参数</th></tr>
<tr><td rowspan="5">服务类（上限分Z）</td><td rowspan="2">专利</td><td>外观设计</td><td></td><td rowspan="2"></td></tr>
<tr><td>软件著作权</td><td></td></tr>
<tr><td rowspan="3">标准</td><td>国家标准</td><td>1分/项·次</td><td rowspan="3">排名、角色与作用</td></tr>
<tr><td>行业标准</td><td></td></tr>
<tr><td>地方标准</td><td></td></tr>
</table>

注：1. 分值设置需要考虑本校实际；

2. 重点大学更重视科研；

3. 政策咨询更受重视；

4. 累计区间数值上限一般不得超出对应大类的总分值；

5. 特殊事件，需要专家集体讨论决定。比如一项国家奖，评个教授应该没有异议。

第7章

基于产出的经费管理

7.1 工作方针

我校二级教学单位的主要业务包括教学、科研、学工三大块。校院两级单位都要围绕教育部《普通高等学校本科教学工作合格评估指标体系》来计划工作，要注重其关联性和有效性，要从能够使行业内专家们看得见、摸得着、算得上的产出考虑有效性。千万不要只突出事务性杂事，不要流水账式罗列事项。

7.2 基本原则

7.2.1 以有效产出为导向的原则

这个“有效”就是要求以教育部《普通高等学院本科教学工作合格评估指标体系》中的指标为预算的有效依据和侧重点。“产出”就是强调投入能够输出指标范畴内的文章、著作、立项、获奖、专业规模稳定性、就业率、一流专业等成果和荣誉。

7.2.2 以专业建设为重点的原则

基本审核对象定位为学科下的各个专业。专业是学科建设的最基层组织，是最基本的教研团队。

7.2.3 协同审核的原则

由于许多事项的完成涉及多个部门，经费需要明确归属部门。因此，相关职能部门和专家要联合进行审核预算。

7.2.4 事项主次分明的原则

面向教学运转来说，事项可以分为必需的事项和必要的事项，必需的事项就是教学运转离不开的事项。必要的事项是面向教学工作合格评估而言的，是评估所需且极为重要的指标范畴的事项。必要的事项一般是以立项描述的，这是因为我们要做大事、做成事。要强化立项项目预算，弱化运转类项目预算。

7.2.5 层次管理的原则

纵向应当分清校院二级责权利，层次要分明；凡是能够提效和降耗的非专业性事项，尽量由学校层面负责；凡是专业性和技术性的事项，尽量由学院层面负责；同层面的横向工作，应当明确职责，划清职责界限，消除职责重叠。

7.2.6 基于全员自组织制度考虑预算的原则

高校教研工作主要群体就是师生。全员自组织制度倡导师生自己的事自己办。通过自组织分担了行政部门的工作量，这不仅减少了行政人数，也提高了工作效率。在编制各种管理工作规程时，要将责任制落实到人，比如理论教学和实践教学实行任课教师制、毕设指导实行导师负责制、科研实行项目负责人制，这种责任人制度是一种全程责权利一致的管理艺术，利于追责，简化流程，提高效率，降低成本。在管理工作中，许多事项可以把流程固化下来，并采取并行处理的方式，实行闭环全程管理。

7.2.7 荣誉激励与素质提升兼顾的原则

今后各种表彰奖励应弱化现金支出，强化荣誉积累。建议年度先进个人、先进集体的表彰奖励费用以参加校外专业交流的形式报销，这样既有利于激励积极性，也有利于提升教师队伍素质和降低教师队伍建设成本。

7.3 估算标准

学校应当出台估算标准，以便各单位依据估算标准做好本单位的经费预算。比如，教学参考书按照 2 本/师×50 元/本进行估算，其经费归图书馆统一管理。外请教研交流活动按照 2 人次/年·专业进行估算，其经费归教务处统一管理。校外竞赛按照年［2 次/专业+（本专业在校生数超 500 加 1）］×4 人/次（含导师）估算，其经费归实践中心统一管理。

预算要考虑一个教学单位的专业数量和学生数。

招待费等经济科目费用一般应当融合到事项之中，不单列为好。

7.4 按照合格评估二级指标所作的年度预算表模板及举例

按照校财字〔2021〕5 号文要求，财务、教务、实践、科研、督导五部门将对相关业务进行联合评审。每行的事项名称尽量体现与教研工作的关联性，列项名称尽量体现经济属性。重点关注事项是否值得设置，各项估算大体是否合理？为了提高数据质量和工作效率，特举例说明之，仅供参考。故各学院要将此表与其他财务要求的表一并上报。考虑表格简洁性，建议各种说明在表外下端注明。以下以 7 个专业的某学位为例列表说明。

年度预算表模板见表 7-1。

表 7-1 年度预算表模板

单位：元

1 指标大类	2 指标子类	3 事项名称	4 差旅费【注 1】	5 会议费【注 2】	6 招待费【注 3】	7 劳务费【注 4】	8 印刷费【注 5】	版面费【注 6】	维修（护）费	…	合计	归口
1 办学思想与领导作用	11 目标与特色	培养方案和课程大纲调整（1 次/年）	1 700 元×7 专＝11 900		工作餐 100 元/人次×2×10 人＝2 000	200 元/人次×2 次×5 人＝2 000	50 套/本×7 专×10 本＝3 500				19 400	教务
	12 教学地位											
	13 应用型											
2 师资队伍	21 数量与结构	教师招聘（1 次/学院）	1 700 元×7 专＝11 900		工作餐 100 元/人次×2×10 人＝2 000						13 900	人事
	22 教育教学水平	假设获得教学研究项目立项（专业 20%）	1 700 元/人次×2 项＝3 400	2 000 元×2＝4 000		评审-验收 200 元/人次 2 次×5 人×2 项＝4 000	200 元×2＝400	4 000 元/篇×2＝8 000			19 800	
	23 培养培训											

续表

1 指标大类	2 指标子类	3 事项名称	4 差旅费【注1】	5 会议费【注2】	6 招待费【注3】	7 劳务费【注4】	8 印刷费【注5】	版面费【注6】	维修(护)费	…	合计	归口
3 教学条件与利用	31 教学基本设施											
	32 经费投入											
4 专业与课程建设	41 专业建设	新专业申报(1项/学院)	1 700元/人次×1次=1 700			评审200元/人次×2次×5人=2 000	200元				3 900	
		假设获校级一流专业培育项目立项(专业20%)	1 700元/人次×1次×2项=3 400	2 000元×2=4 000		评审-验收200元/人次×2次×5人×2项=4 000	200元×2=400	4 000元/篇×2=8 000			19 800	
	42 课程与教学											
	43 实践教学	小学期实践外请专家报告会(7个专业)	1 700元/人次×7专=11 900		100元/人次×1次×12人=1 200	200元/人时×4时×7专=5 600			10 300		29 000	实践
		小学期实践优秀指导教师奖				专业数20%×7×1 000=1 400			1 400		2 800	

续表

1 指标大类	2 指标子类	3 事项名称	4 差旅费【注 1】	5 会议费【注 2】	6 招待费【注 3】	7 劳务费【注 4】	8 印刷费【注 5】	版面费【注 6】	维修(护)费	…	合计	归口
5 质量管理	51 教学管理队伍											
	52 质量监控											
6 学风建设与学生指导	61 学风建设											
	62 指导与服务											
7 教学质量	71 德育											
	72 专业知识与技能											
	73 体育美育											
	74 校内外评价											
	75 就业											
8 科研及其他	81 行政办公						800 元/人×5 人		4 000			
	82 工会【注 7】				100 元/人×80 人				8 000			

注 1：差旅费主要包括交通费、住宿费、补助等，估算标准：交通 500 元/人次+住宿 600 元/

人次（2天计）+补助600元/人次（3天计）=1 700元/人次。

注2：会议费是指各种收费的会议，包括注册费、会议资料费等。估算标准：学术会议一般在2 000元/人次。

注3：招待费主要指工作餐和部分单位之间的纪念品等，就餐人员要与当次工作有关，酒水自费。估算标准：100元/人次。

注4：劳务费是指请校内外专家在教学课时之外的各种专业性报告、评审、督查等活动的补助，以及各种加班费等，估算标准按照学校文件执行。

注5：纸墨印刷费是指行政办公用纸和墨盒、教学资料印刷等费用。行政办公费主要是面向坐班制的行政人员的公文性活动的。

注6：版面费是指有效文章的版面费，估算标准：4 000元/篇。

注7：假设获得校级教学研究项目、一流专业建设项目等，立项数按照专业数的20%估算。

规定督导员每周听课2次共4学时，按照全年32周计算；按照8周前后抽查，每学年共4次；工会活动包括红白事、慰问老同志、学院集体活动等。

第8章

政治指引评估导向

本章主要汇编了我党经历长期实践总结出来的重要的政治思想，提出了政治与管理相结合的办学理念，列举了教育部学位中心的导向性评估工作的指导思想和指标体系，结合实际对职能部门的工作作风谈了几点建议。

8.1 重要的政治思想

8.1.1 三大作风 三大法宝

继承发扬党的“三大作风”，即坚持理论联系实际、密切联系群众、批评和自我批评。统一战线、武装斗争、党的建设是中国革命取得成功的三大法宝。

8.1.2 三个基本面

毛泽东思想是马克思列宁主义在中国的创造性运用和发展，是被实践证明了的关于中国革命和建设的正确的理论原则和经验总结，是马克思主义中国化的第一次历史性飞跃。毛泽东思想的活的灵魂是贯穿于各个组成部分的立场、观点、方法，体现为实事求是、群众路线、独立自主三个基本方面，为党和人民的事业发展提供了科学指引。

8.1.3 两个务必

务必继续保持谦虚谨慎、不骄不躁的作风，务必继续保持艰苦奋斗的作风。

8.1.4 十个坚持

一百年来，党领导人民进行伟大奋斗，积累了宝贵的历史经验，这就是：坚持党的领导，坚持人民至上，坚持理论创新，坚持独立自主，坚持中国道路，坚持胸怀天下，坚持开拓创新，坚持敢于斗争，坚持统一战线，坚持自我革命。以上十个方面，是经过长期实践积累的宝贵经验，是党和人民共同创造的精神财富，必须倍加珍惜、长期坚持，并在新时代实践中不断丰富和发展。

8.1.5 学好四个重要文件

中共中央、国务院印发的《深化新时代教育评价改革总体方案》（2021-10-13）、教育部发布的《关于加快建设高水平本科教育　全面提高人才培养能力的意见》（教高〔2018〕2号，2018-9-17）、《普通高等学校本科教学工作合格评估实施办法》（教高厅〔2011〕2号，2011-12-23）、《普通高等学校本科专业类教学质量国家标准》是教育教学工作的4个主要文件。

8.1.6 坚持政治思想与管理方法相结合

思想上，坚持正确的政治方向，坚持党的教育方针，坚持遵纪守法，坚持社会主义核心价值观，坚持和运用毛泽东思想指导办学工作，比如，把民主集中制、实事求是、群众路线、统一战线等政治思想作为工作的指导思想。

管理上，把现代管理理论与方法运用到办学管理中来，例如，企业文化、扁平化组织、层次与幅度、流程再造、标准化管理、精益管理、激励机制等管理理论与方法。

坚持政治思想与管理方法相结合，是指在组织、企业或任何管理活动中，将政治理念和价值观融入管理实践，使二者相互支持、相互促进，以达到更高效的管理和更符合社会主义核心价值观的组织行为。坚持政治思想与管理方法相结合，不仅能够提升组织的管理效能，还能够确保组织的发展方向与社会主义核心价值观相一致，从而在实现组织目标的同时，也为社会的和谐与进步作出贡献。

8.2 学科评估、专业评估、合格评估、审核评估、学校评价

教育部学位与研究生教育发展中心，简称学位中心。

8.2.1 学科评估：硕博点整体水平

1. 学科评估的基本思想

2017年12月28日，学位中心公布了全国第四轮学科评估结果。在我国教育实行“管办评分离”制度，强调高校内涵建设与发展的情况下，第四轮学科评估指标体系构建的指导思想是建立“中国特色、世界影响”的品牌学科，坚持“人才为先、质量为要、中国特色、国际影响”的价值导向。

2. 学科评估的对象及其指标体系

95个一级学科（不含军事学门类等16个学科），513个单位，7 449个学科。根据“学科整体水平得分”，将前70%的学科分9档进行公布。

据学位中心负责人介绍，我国已经成为世界排名第二的研究生教育大国，学

科评估是对具有博士硕士学位授予权的一级学科进行的整体水平评估。它是由第三方开展的非行政性、服务性评估项目，不同于政府开展的合格性评估。从 2002 年首次开展，平均四年一轮。2024 年已完成第五轮学科评估。

学科是大学教学、科研、服务社会的基本单元，学科水平是一所大学核心竞争力的集中体现。开展全国高校学科评估工作的目的是通过这种形式进一步推动学科建设，提高研究生培养和学位授予质量，并让社会了解高校和科研机构的教育能力、水平和质量。

8.2.2　专业学位水平评估：专业的整体水平

1. 专业学位水平评估的设计理念

专业学位水平评估是指对高等学校或中等专业学校各种专业的教育质量的评估，是学校办学水平评估的重要组成部分。由教育部学位与研究生教育发展中心（简称学位中心）以第三方方式组织实施。专业学位水平评估以“导向为主、质量为重、突出特色、分类设置”为指标体系设计理念。

2. 专业学位水平评估的对象及其指标体系

根据 8 个专业学位类别的不同特点，建立了 8 套专业学位水平评估指标体系。指标体系框架包含“培养目标”“师资队伍”“培养过程”“学业质量”“社会评价”“质量保障体系”6 个一级指标。9~10 个二级指标，若干三级指标及观测点。根据不同专业学位特点设置不同的指标体系，每个专业类别设置不同的权重，共有 8 套权重。

（1）培养目标。培养目标是体现高校人才培养定位和特色的重要指标。主要评价学位授予单位的培养目标的合理程度，培养方案的可行程度，培养目标的达标程度。

（2）师资队伍。师资队伍建设是高校发展的关键，是实现立德树人的前提。“师资队伍”主要评价师资队伍的充分性、合理性、整体性、代表性。师资充分性，主要看队伍水平、师生比等。师资结构合理性，主要看年龄结构、职称结构、学历结构、国际化程度等。理论教学与实践教学的整体性，具有较强的实践教学、实践指导的队伍和水平。成果具有代表性，具体评价时，通过设置上限来考察代表作等方式克服“唯论文”数量倾向。

（3）培养过程。培养过程通过“案例与实践教学质量”“实习实践基地质量”“校外参与教学情况”等方面体现，强调对人才培养过程的成效性考察。

（4）学业质量。学业质量包括“生源情况”“创新能力”“实践能力”“职业发展能力”四部分。“创新能力”分设“在校生代表性成果”和“毕业成果质量”两个指标。“毕业成果质量”强调对毕业成果的考察，毕业成果包括学位论文、专项调察报告、调研报告、病理分析报告、案例分析报告、专题研究等不同形式，考查学生综合运用知识技能解决实际问题的能力和水平。“职业发展能力”分设“职业吻合度”和“优秀毕业生”两个指标。“职业吻合度”通过大规模学生问卷调查，引入学生学业质量反馈评价，强调为培养学生的实践能力服务，突出培养的应用性和实践性；“优秀毕业生”主要考察代表性毕业生职业发展质量，促进高校更加关注毕业生的社会发展情况。

（5）社会评价。社会评价通过“用人单位评价”和“同行评价”两方面体现。“用人单位评价”主要考察毕业生的职业道德、职业胜任力和社会责任感。“用人单位评价”通过大规模用人单位问卷调查进行评价，将高校人才培养质量的话语权扩展到教育系统之外。“同行评价”由同行与行业专家参考《专业学位情况简介》对专业学位的学生培养特色、就业情况分析、社会贡献等情况进行评价。

（6）质量保障体系。质量保障体系是体现高校质量保障体系构建和实施成效的重要指标，通过考察专业学位质量保障体系实施中的合理性和有效性，促进高校更加关注专业学位质量保障机制建设，完善质量保障治理体系。（来源：http://www.chinadegrees.cn/xwyyjsjyxx/2018cpsr/284315.shtml）

8.2.3 合格评估：本科的整体水平

合格评估是普通高等学校“本科教学工作合格评估”的简称。

1. 合格评估的重点

合格评估的重点是考察学校的基本办学条件、基本教学管理和基本教学质量（简称“三基本”），学校服务地方经济社会发展的能力和应用型人才培养的能力，学校教学改革和内部质量保障体系建设和运行的情况。

2. 合格评估的对象及其指标体系

合格评估的对象是2000年以来未参加过院校评估的新建本科学校。指标体系中一级指标7项、二级指标20项、主要观测点39个（教高厅〔2011〕2号文件）。一级指标有7项，分别是办学思路与领导作用、教师队伍、教学条件与利用、专业与课程建设、质量管理、学风建设与学生指导、教学质量。

（1）办学思路与领导作用。该指标下的二级指标有3项，分别是学校定位、领导作用、人才培养模式。

（2）教师队伍。该指标下的二级指标有3项，分别是数量与结构、教育教学水平、培养培训。

（3）教学条件与利用。该指标下的二级指标有2项，分别是教学基本设施、经费投入。

（4）专业与课程建设。该指标下的二级指标有3项，分别是专业建设、课程与教学、实践教学。

（5）质量管理。该指标下的二级指标有 2 项，分别是教学管理队伍、质量监控。

（6）学风建设与学生指导。该指标下的二级指标有 2 项，分别是学风建设、指导与服务。

（7）教学质量。该指标下的二级指标有 5 项，分别是德育、专业知识和能力、体育美育、校内外评价、就业。

3. 合格评估的难点

根据多年合格评估结果分析，特别是民办高校，合格评估不过的原因虽然不同，但是遇到的共性和主要问题是：生师比没有接近 18∶1 的标准，生均年教学日常运行支出没有达到 1 200 元/生的要求，新增教学科研仪器设备所占比例没有达到 10%的要求，生均教学行政用房没有达到 16 平方米/生的要求。

这些难点主要是硬件问题，更客观地说，是投入问题。

4. 示例

在合格评估工作中，历史性材料极其庞大，也极为重要。为了扎实有效地落实责任制和规范做好精益工作，确保材料万无一失，各高校的通用做法是编制《合格评估指标、支撑材料及任务分解表》，并下达到各有关部门，作为督查的主要依据。

作为示例，我们仅仅把一级指标“1. 办学思路与领导作用”下的二级指标“1.1 学校定位”展开为三级指标“1.1.1 学校定位与规划（01 观测点）”，并将其进行任务分解。由于一个观测点就涉及很多资料，在此示意性地罗列 2 点指标分解内容，仅供参考，详见表 8-1。

表 8-1 合格评估二级指标学校定位指标的展开（01 观测点）及其任务分解表

<table>
<tr><td>指标层级</td><td colspan="2">1. 办学思路与领导作用 1.1 学校定位 1.1.1 学校定位与规划【01 观测点】</td></tr>
<tr><td rowspan="2">主管领导：</td><td colspan="2">基本要求</td></tr>
<tr><td colspan="2">学校办学定位明确，发展目标清晰，能主动服务区域（行业）经济社会发展。规划科学合理，符合学校发展实际需要；坚持内涵式发展，注重应用型办学特色培育</td></tr>
<tr><td rowspan="3">观测点建设负责部门：××</td><td>指标分解</td><td>支撑材料（编号、材料名称、建设部门）</td></tr>
<tr><td>观测点总结</td><td>1-001. 观测点总结（办公室）</td></tr>
<tr><td>1.1.1-1 学校发展概况</td><td>1-002. 学校历史沿革（文字综述、校志、学校成立、转设的批文、发展过程中的亮点等）（办公室、档案馆、各学院）
1-003. 学校发展现状（文字综述、年鉴、宣传片、校史展、画册、沙盘等）（办公室、宣传统战部、档案馆、各学院）</td></tr>
</table>

续表

	指标分解	支撑材料（编号、材料名称、建设部门）
主管领导： 观测点建设负责部门：××	1.1.1-2 学校办学定位	1-004. 学校有关办学定位的论证、领导讲话、专业设置等文件（办公室、教务处） 1-005. 学校领导、各学院有关办学定位与规划的会议记录、纪要（办公室、各学院） 1-006. 学校领导、教代会等讨论学校定位的相关决议（办公室、宣传统战部） 1-007. 有关办学定位的课题、论文等（科研处、办公室） 1-008. 学校人才培养目标及特色的论证（教务处、各学院）

8.2.4 审核评估

1. 什么是审核评估?

2021 年 1 月，教育部印发了《普通高等学校本科教育教学审核评估实施方案（2021—2025 年）》的通知（教督〔2021〕1 号），以下“本科教育教学审核评估”简称“审核评估”。

新一轮审核评估对象为经国家正式批准独立设置的普通本科高校，其中，新建普通本科高校应先参加合格评估获得“通过”结论 5 年后方可参加。

审核评估不同于合格评估和水平评估。合格评估属于认证模式评估，达到标准就通过。水平评估属于选优模式评估，主要是看被评估对象处于什么水平，重点是选“优”。审核评估主要看被评估对象是否达到了自身设定的目标，国家不设统一评估标准，结论不分等级，形成写实性审核报告。审核评估的重点是引导学校建立自律机制，强化自我改进，提升办学水平和教育质量。

2. 审核评估的指导思想与原则

审核评估的指导思想可以概括为“一个坚持、两个突出、三个强化”。就是在坚持“以评促建，以评促改，以评促管，评建结合，重在建设”这二十字方针的基础上，突出内涵建设，突出特色发展，强化办学合理定位，强化教学中心地位，强化内部质量保障体系建设，不断提高人才培养质量。

审核评估坚持以下五项原则：①目标性原则。强调目标导向，重点看学校人才培养目标的达成度。②主体性原则。强调学校是人才培养质量的责任主体，促进学校建立健全质量保障体系，提升质量保障能力。③多样性原则。尊重学校办学自主权，鼓励学校根据国家和社会要求，结合自身条件，合理确定自身的人才培养目标，制定质量标准，形成办学特色。这一原则体现了国家对高等教育分类指导、分类评价的思想。④发展性原则。强调过程改进和内涵提升，注重资源的有效利用，注重持续改进机制的建立。⑤实证性原则。强调依据事实做出审核判断，以目标为导向，以问题为引导，以数据为依据，以事实来证明。以上原则贯穿于审核评估方案的内容中，贯穿于专家组的评审过程中，也贯穿于学校的自评自检过程中。

8.2.5　学校评价：艾瑞深中国校友会

1. 性质

官方主要是面向学科评估、专业学位水平评估和合格评估发布了指标，没有对大学发布评价指标。艾瑞深中国校友会发布了《校友会 2024 年中国大学排名评价指标体系》，主导思想是面向输出成就的，这是民间的，但也可以借鉴和参考。

2. 特点

大学排名评价指标体系有三个一级指标，分别是人才培养（54%）、科学研究（31%）、社会影响（15%）。

该指标体系的逻辑思想是：有了高素质人才和高水平成果，必然会有良好的社会口碑，因此社会影响指标权重最小。

该指标体系源自非政府组织，可视为社会，特别是家长的需求和要求。该指标体系设计简洁，采用 33 制，三个一级指标，每个一级指标下分别又有三个二级指标。该指标体系以输出性成果来评价，认定成果凸显权威性、行业性、公认性、标志性、社会性。

（1）人才培养。人才培养分为三个指标，分别为教育教学质量（32%）、高层次人才（13%）、优势学科专业（9%）。

①教育教学质量。

- 杰出校友。科学家校友：包括诺贝尔奖获得者、两院院士、长江学者、中国杰出青年等；政要校友：包括中央委员、市长等；企业家校友：包括福布斯富豪榜的富豪校友；热心公益的校友，全国道德模范等；文体校友：包括奥运冠军等。
- 教学水平。包括政府认定的教学成果奖、一流课程、一流教材、教学立项、教学基地等。
- 思政教育。包括政府认定的自强之星、青年志愿者等先进模范。
- 创新创业教育。全国优秀博士、省级优秀博士硕士、学科竞赛奖获得者等。

②高层次人才。国家认定的各类称号，包括立德树人类、荣誉称号类、科研奖励类、教育教学类、基金项目类、专利著作类、论文影响类、传承创新类等。

③优势学科专业。优势学科，包括教育部第五轮学科评估学科优秀率、中国大学三星级以上学科等。学科由 A+、A、B+、B、C+、C、D 等 7 个等级构成，其中 A+代表一流学科，A 代表领先学科，B+代表较强学科，B 代表中上学科。

优势专业是指中国大学三星级以上专业。

（2）科学研究。科学研究分为三个指标，分别是高端科研成果21%、科研项目5%、科研基地5%。

①高端科研成果。

• 全球性奖励，包括诺贝尔奖、菲尔兹奖、邵逸夫奖等。

• 国家级奖励，包括国家科学技术奖、教育部人文社科奖等。

• 省部级奖励，包括教育部科学技术奖、省级科学技术奖、省级人文社科奖等。

• 专利成果技术转化，包括中国专利奖、政府出版奖、成果转让收入等。

• 高水平论文，包括全国高校国内期刊高被引论文、中国百篇最具影响学术论文、CNS论文［（CNS是《细胞》（*Cell*）、《自然》（*Nature*）和《科学》（*Science*）三大顶级期刊的简称］、ESI高被引论文（根据ESI数据库的界定，高被引论文指近十年间累计被引用次数进入各学科世界前1%的论文）。

②科研经费与科研项目。

• 科研经费，包括科学技术经费、人文社科研究经费等。

• 基础研究项目，包括国家重点基础研究发展计划、国家重大专项项目、国家自然科学基金、国家社会科学基金、教育部人文社科研究项目等。

③科研基地。

• 知识生产基地，包括国家实验室、国家重点实验室、教育部重点实验室、人文社会科学重点研究基地等。

• 技术成果转化，包括国家工程（技术）研究中心（实验室）、国家大学科技园、国家技术转移机构、国家2011协同创新中心、国际合作联合实验室（中心）等。

• 高端智库，包括全球智库、国家试点高端智库、CTTI来源智库、省级重点智库。

• 期刊出版社，包括大学出版社、中国百种杰出学术期刊、国际三大科技文献检索系统、中国核心期刊。

（3）社会影响。社会影响有三个指标，分别为办学层次（5%）、社会声誉（6%）、国际影响（4%）。

①办学层次。

• 双一流建设，包括国家双一流建设高校、地方双一流/高水平大学建设高校。

• 荣誉资质，包括研究生学位自主审核权、卓越工程师教育培养计划高校、自主招生资格、研究生免试推荐、全国创新创业就业典型经验高校。

②社会声誉。

• 社会捐赠，包括社会捐赠、校友捐赠等。

• 生源竞争力，包括全国高考录取投档分数线。

• 媒体影响，包括新闻媒体报道、新媒体的影响等。

③国际影响。

• 国际化办学，包括中国政府来华留学卓越奖学金项目、中外合作办学项目、教育部来华留学示范基地高校等。

- 国际声望，包括世界大学排名、学校教授在国际学术组织中的地位，中国大学取得国际成果的规模，中国大学被引论文数量与被引次数，中国大学主导科学家的数量，中国大学优势学科。

8.3 在部门干部调整会上的讲话摘要

我结合自己工作的切身体会和近日走访教学单位的所见所闻，对四部门领导谈几点看法与大家共勉。

1. 要深入实际，走群众路线

毛主席告诉我们："没有调查，就没有发言权。"你下去之后会发现很多新问题，是你在办公室听不到的，是你在办公室里看不到的。有些问题的严重性恐怕让你感到惊讶。我们要深入班级看看学生在做什么？要深入课堂、教研室、实验室、图书馆等有关教学科研基层单位，了解他们的需求，倾听他们的诉求。不要高高在上，也不用天天开会，要少说、多听、多看、多做。

2. 要摸清家底，建好台账

教务处应该知道学校有多少间教室，分布在哪个楼，小教室—中教室—大教室里各有多少个座位，还有哪个教室的麦克风不好用等。管实验教学的干部应该知道一台（套）或一类设备对应哪个专业、哪门课、多少学时、哪年购买的、设备完好率和利用率是多少。有了台账数据，才可以做好资产管理、维护保养、成本控制、决策支持。

3. 换位思考，要有职业的责任感和爱心

很多事情只要换个位就能想通、想明白，不再去抱怨、埋怨，责怪别人。如果这些学生是你的孩子，这些青年教师是你的儿女，作为领导该怎么做你自然会心中有数。

4. 不当教父，要当师傅

作为领导不要夸夸其谈，要能够手把手地带好班子，做一个导师型的领导，自己要会做，吩咐别人做什么前，自己首先要能做到，让手下的人知道怎么去做。

5. 要注重理论学习，跟踪时代发展

不持续学习，人的脑子就会空，思路就会乱，做事就容易出错，可能一件事安排不清楚，一个稿子写不明白，所以我们一定要加强理论学习。

6. 要注重体系设计，追求实效

我们做任何事情都要把它当成一个系统工程，只有进行了体系设计才能不乱、有序。比如，对于二级单位的考核指标体系是什么？科技处也好，教务处也好、实验管理中心也好，督导办也好，要明确对二级学院综合考核哪些指标，就像毕业论文一样，我们构建了五个指标，让每个老师知道，论文做得好与坏主要就看这五个方面。要用数据说话，要成果驱动，不要只谈困难，不要说做了什么，要说做成了什么。

7. 专家治校，教授治学

从人事处报上来的数据看，全校有全职教授20余人，正副教授大概50余人。我们一定要对正副教授们多些关心，要尊重他们，要让这些教授最大限度地发挥他们的作用。我们召开了首届教授会议，表明了学校的观点，这些教授是我们办学的核心力量。

大家知道，评教授首先要求师德师风过关，其次要满足教学、文著、科研方面的指标。他们不是一夜之间就当上了教授的，一般都需要奋斗十年甚至几十年。他们很成熟，教学经验很丰富，学术造诣很高，我们各部门要对教授多一点尊重与关爱，多听听他们的意见。

8. 一切工作都要围绕评估指标体系去想去做

我们看到教育部的学科评估、本科教学评估、学位授权点合格评估，万变不离其宗，实际还是评估五个方面：培养体系、师资队伍、人才培养、科学研究和社会服务。这些高层指标应该作为一个统帅，不管是做科研工作，还是教务与实验管理工作，要知道教育部的专家听什么看什么，将来你们的部门拿的数据应当是闪亮的，教学、实践、督导、科研四个部门一定要对教育部的各项指标吃透。

9. 信息要公开

有些不保密的事情，能共享就共享，有些通知、文件、资料、经验等群共享后大家即刻就知道了，没必要层层传达，造成效率低下，信息失真。

信息公开有利于促进学习型组织的建设，希望四个部门之间加强信息公开与工作沟通。

我希望在学校党政班子的领导下，人人面带笑容，在快乐中工作，把学校工作做好，不辜负学校领导对四个部门的殷切希望。

8.4 在转变工作作风会上的讲话摘要

8.4.1 评议指标

上学期期末，我组织教学院长对教学、实践、督导、科研四个部门进行了评议和无记名打分。评议指标共有三项：①服务意识和服务质量；②工作计划性和扎实度；③履职担当。

我们的工作如何？群众的眼睛是雪亮的。从群众评价总分看，四个部门之间的分值差别不是太大，但是我们在服务方面还有很长的路要走，一些学院举出不少事例。本学期，四个部门应当从这三个指标出发提升工作质量。

8.4.2　几点要求

各部门的同类同质活动能并则并，能一次完成的就不要重复。不做无用功，不做劳民伤财的事，不做群众意见大的事。

从组织纪律的角度讲，青年同志要服从组织的工作安排并按时、按质、按量完成工作任务。

从服务的角度讲，我们的工作是为人民服务的，因此，要有良好的服务态度和服务艺术。你的表情，你的语气都是服务的表现。

从学习的角度讲，青年同志需要学习，一项任务就是一次难得的学习机会、能力锻炼机会。工作态度要谦虚谨慎，积极勤奋。

1. 输出驱动

教育教学的质量与水平如何？我们不能王婆卖瓜自卖自夸，不能坐井观天，不能自我欣赏，自以为是。这要靠行业评价和社会口碑。口碑和评价主要看哪些呢？是你的标志性、代表性、公认性的成果和成就，还是名人、名号。大学毕业生的口碑如何，要经过一个长期的用人单位、家长和学生的评价。就业市场推介是必要的，更重要的是口碑，这如同人的信誉一样。

2. 评价激励

如何产出高水平的成果呢？高水平成果产出需要一支积极进取的师资队伍、高质量的生源、先进的培养模式、符合时代的人才培养方案和优质的运行保障体系。作为职能部门，我们要面向四大力量，构建科学务实的考核与评价指标体系，指标体系的一级指标控制在3~5个，也要有二级指标。产出的核心问题是人的问题，我们需要更多高学历、高职称、高素质、高产出的青年教师。

8.5　在全校教学工作领导扩大会议上的讲话摘要

8.5.1　外部形势

从学校外部看，特别是近年来，教育部及河北省教育厅对高等学校办学管理表现出“文山会海”，评估繁多，指标量化，抽检常态化的特点，所有这一切都围绕着办学质量与办学水平，其中教学质量和教学水平又属重中之重。

8.5.2 内部压力

从学校内部看，我们面临的“三座大山”，就是转设、合格评估、硕士点申报。这一切都离不开教研水平成果的积累和教学质量基础的建设，这一点极其重要。办学质量与办学水平是永恒的主题。任何问题，认识清楚了，你就会有明确的行动方向和工作重点。

8.5.3 指导思想

我们必须站在事关学校生存与发展的高度，充分认识外部性对转设、合格评估、硕士点申报等重大工作的影响，必须抓好教学质量与教学水平，必须做好学科建设。

以外部适应性管理为主，内部管控为辅，紧密围绕教学质量与水平这个中心开展扎实工作，对内当好“服务员”，对外当好“采购员”，把抓队伍、提质量，定标准、强评价工作做深做细。

1. 对内要当好服务员

要想服务好，你就要努力成为专家和行家。我们更希望教务处的同志们具有教学管理导师的素质，在关键问题上能够指导。教管工作者需要专业知识、管理能力、沟通艺术。

2. 对外能获得资源支持和硬指标的认可度

加强与教育部、省教育厅的联系，获取更多的政策支持，争得更多的教学荣誉和称号，在水平与质量上下功夫，在评价指标上出成果。

8.5.4 几点建议

1. 不能关门自守，自我欣赏

毛主席说过：“没有调查，就没有发言权。”教务处的同志们都要对接院系部，要下基层，要常联系，这样就可以随时随地解决问题了。同志们要走一走，看一看，看看其他学校，就知道自己的差距了。管理人员也要定期进修学习。

2. 要加强理论学习

要沉下心来读一点书。我们需要加强理论学习，脑子空空，何谈成果累累。有关教育教学的管理书要读，文件要看，数据要真，报告要写。十年多了，教务处围绕外部性工作，请了几位专家，开了几次研讨会，写了几部分析报告？举个例子，如果你撰写一篇题为《建校以来教材选用的问题成因与对策研究》，这会更有针对性和价值。没有理论研究，工作容易出现盲从、盲干、蛮干的现象，这些需要我们共勉。我们鼓励和支持各个教学单位结合学科建设、专业建设等开展理论研究。

3. 工作要删繁就简

我在本科教学一线从教至今近 40 年，有体会，有感受，教师太不容易了，太辛苦了。2019 年 3 月，中办就曾印发了《关于解决形式主义突出问题为基层减负的通知》，坚决反对搞存在感、表现欲，文山会海，没事找事的官僚主义和个人主义工作作风。

管理工作总量要减少，办事要简单，要摆正心态，不求名利，管好自己的事。有些工作可以下放到二级单位，比如，对少部分十分重要的课程考试可否采用教考分离的方式？有些非知识性、非科学性的常识性课程可否随堂考试，按照通过或不通过上成绩？毕设（论文）的中期检查可否采用备案制？能做成标准的要出标准，能做成模板的要出模板。比如，许多高校将毕设（论文）做成一个手册，师生填报手册就完成任务了，甚至各种评语都是选项式的。这次学位授权申报的自评表就用了模板，模板发挥了关键作用。教学管理好不好，每个人心里都有一杆秤。

第9章

深刻反思 组织建设

本章简要指出民办高校的突出特点，如竞争与风险意识，组织扁平化与精简化、灵活性与有效性、集中资源做好人事和大事等。结合学校的实际情况，倡导以教师为主角，以专业为主体，培养特色应用型人才的办学思想，提出了教学生态概念，指出了特色应用型教师与特色应用型专业、特色应用型人才的关系。坚持民主集中制的原则，坚持专家治校的原则，在学术委员会的架构下设立教指委、实践委、督导委、科研委等专家民主辅助决策机构。

9.1 公办与民办高校的异同

9.1.1 人才培养目标一致

无论是公办高校还是民办高校，都必须按党的教育方针办学，其人才培养目标都是一致的，都必须响应社会与家长的需求。

9.1.2 办学经费来源不同

公办高校由于有国家财政支持，学费较低，5 000 元/年左右，因学科专业而异。公办高校的办学经费来源广，投入力度大，相对民办高校好一些。

民办高校由于没有国家经费支持，学费较高，是公办高校学费的 4~8 倍，具体因地域、学校、学科专业而异。学费是民办高校办学经费的主要来源。

9.1.3 民办高校的先天不足

民办高校成立较晚，资金有限，因此绝大部分民办高校地理位置并不理想，实验和科研条件比较薄弱。民办高校没有编制，平台较小，没有明显的收益优势，因此教师流动频繁，师资队伍不稳定。

也有极少数民办高校发展得不错，招生规模突飞猛进，个别民办高校在校生达到了五六万人，资金来源充足，已经有了博士点，开始大量招收博士研究生，教师待遇比公办高校强很多，师资队伍比较稳定，硬件条件改善较快。目前，民办高校还是以教学为主，绝大多数民办高校没有科学研究的硬性指标。

9.1.4 民办高校靠什么生存与发展？

目前，与公办高校相比，民办高校总体处于劣势地位，但是部分民办高校又比一般公办高校办得好。那么民办高校靠什么生存与发展？靠什么竞争？

1. 竞争意识不同

民办高校竞争意识强烈，竞争重点放在了教师和学生两个对象上。具体做法是：高薪引进高学历、高职称、高素质的名师，比如，给予名师安家费、科研启动费、奖励基金、家属安置等，有的费用高达上百万元，甚至上千万元。给予教师的高水平、标志性成果奖励力度非常大，超常规，比如，省部级及以上科研立项配套几倍的经费，一篇高影响因子和引用率的文章奖励几万元等。在学生方面，主要做好两件事，一是保生源和提总量，这样办学经费有了基本保障；二是高分入学奖励和优秀毕业生奖励，这样利于生源质量和学校声誉的提升。

2. 组织机构精简

民办高校组织机构的三大原则：精干、高效、节约。

（1）学院层面的组织比较。

①公办高校学院层面的组织与职责分析。公办高校中，一个学院的管理者有十几个人，甚至几十个人。比如，党政双全，书记、副书记、党办主任；院长、教学院长、科研院长、行政院长、院办主任、科研科长、本科科长、研究生科长、学工主任、团委书记，这还不包括众多的科员和大量勤工俭学的学生。

②民办高校学院层面的组织与职能分析。民办高校中，个别学院只设一位院长，配备一位院长助理，其余的党政工作一律由教师兼任并赋予少量的劳动报酬。

（2）学校层面的组织比较。

①公办高校学校层面的组织与职能分析。从学校层面的岗位和人员分析，公办高校，以某高校官方网站的信息为例，党政机构独立设置，设有党办、组织部、宣传部、统战部、纪检监察室、审计处、离退休办、工会、团委；校办、人力资源处、教务处、科研处、财务处、学生工作处、发展研究院、发展规划与政策法规处、资产与实验室管理处、招生就业处；后勤与校园建设管理处、国际合作处、港澳台事务办公室、孔子学院办公室、安全工作处、研究生院、档案馆、图书馆、双创中心、信息化建设与管理中心、高等教育研究所、教师培训中心、期刊社、校医院、技术转移中心。不完全列举就有 34 个处级职能部门，还有多少位校级领导就不说了。庞大的机构能运行起来吗？需要多少钱来支撑运行？

②民办高校学校层面的组织与职能。许多民办高校实行两办合一，人事组织

纪检监察审计合署办公，督导督查与发展规划合署办公，教务与实践合署办公，科研与产业合署办公，招生就业与学工团委合署办公，财务与资产合署办公，等等。校级职能部门不超过10个。

（3）比较结论。

组织机构精简了，则必然实现管理层次减少，管理幅度增大，精兵简政，低成本、高效率。

3. 集中主业

集中精力，集中资源，把主业做大做强。主业就是教学与科研。香港城市大学没有学生宿舍，没有运动场，没有阅览室，不是比我们的很多学校办得更有名气吗？基于经济、效率、有效三大原则，实行社会化办学，教室维修与建设、食堂、宿舍、商服、美化等工作实行社会化，能租的就租，能借的就借。

4. 有效的人事管理

（1）干部任免权。公办高校实行党委领导下的校长负责制，民办高校实行董事会领导下的校长负责制。民办高校正副校长由董事会聘任。校长在干部的任免、人员的聘用方面具有决策权，干扰少，调整快，这是公办高校无法比拟的。

（2）全员按照教师标准招聘。无论是教学人员，还是管理人员，必须具备教师的基本条件，这样打通了教学与管理之间的通道，有利于人员调整和调动。

（3）兼职化。各学院二级部门都兼职上课，甚至有的校长也要讲课，干部基本都是“双肩”挑。

（4）大力度奖惩。在奖励方面，平时以荣誉奖励为主，注重有效成果的产出，重大成果加大奖励力度。

在惩罚方面，实行淘汰机制。聘用协议一年一签，动态调整，及时淘汰，避免沉淀。加大督学督导的力度，每学期都有教学要件大普查，每天都有课堂教学巡察，教学事故与年终奖金和淘汰挂钩。

5. 基本结论

民办高校与公办高校竞争，并要生存与发展，首先要靠体制与机制，其次坚持经济、效率、有效三大原则办学，整合资源，以经济保质量，以规模促发展。

9.2 拜访四所院校后的几点感受

调研组群策群力，精心谋划。调研组由教务处、督导办、实验实践管理中心、科技处、人事处、艺术学院领导组成，先后召开了4次研讨会，制订了翔实的调查方案。2021年10月，我带队拜访的兄弟院校有衡水学院、燕山大学里仁学院、河北美术学院、天津天狮学院等，既有公办的也有民办的。

调研组获得了翔实信息。基础数据包括建校时间、地理位置、占地面积、建筑面积、学院数、专业数、在校生数、办学性质；交流了办学目标、办学理念及办学特色。例如，某大学的办学理念简单务实，就是“盖大楼，请大师，铸大爱。”进行了师资队伍数据对比，包括教工数、专教数、博士化率、师生比、合格评估时间、硕士点建设时间、硕士研究生录取率等；了解了各院校的优势学科、教研荣誉和管理荣誉，比如，优势学科、发展学科、省级及以上科研荣誉、省级及以上教学荣誉、省级及以上管理荣誉等。

9.2.1 教育情怀

举办者的教育情怀和责任感是极其重要的。举办者有教育情怀和责任感，则办学质量与水平往往在省内也是一流的。例如，河北美术学院是一所民办高校，投资人甄忠义既是艺术家，也兼任校长。他很有教育情怀，20 年来，夫妻常年吃住在学校，全部的投资都用在办学上。学校职工的待遇并不高，但是从上至下，同心同德，师资队伍很稳定，这在民办高校难能可贵。2016 年学校获批硕士学位授予立项建设单位，2019 年通过了国务院教育督导委员会本科教学工作合格评估，这在河北省民办高校当中并不多见。

9.2.2 特色特点

不同院校办学各有特点，衡水学院实行学业导师制，30 人为一个班。河北美术学院有一位本校毕业生，在雕刻方面极有天赋，获奖无数，在国内名气不小，学校不拘一格降人才，直接聘该生为校聘教授，这在公办高校很难做到。

9.2.3 督导扩权

一方面，各院校都极为重视教学督导工作，都设有专职督导员，校长或主管校长直管督导工作。另一方面，将督导办的权限进行了外延，具有教学督察的职能，比如，对全校与教学工作相关的部门也进行督查，具有一票否决权和评价参与权，充分树立督导办的权威性，确保教学工作顺利开展。

9.2.4 联合科研

对于民办高校来说，纵向课题的获取非常困难。因此，民办高校大多采取联合申报的模式，使得纵向课题的申报成功率大幅提升。重大科技项目，走联合申报之路，不失为一种借鉴。

9.2.5 重视口碑

高等学校如何能持续确保招生数量和质量？最首要的就是依靠口碑。教师口碑影响学生口碑，学生口碑影响家长口碑。家长是社会代表，因此，学校在家长中的口碑影响学校的社会口碑。我们必须重视这种口碑的传导性和扩散性。师资为先，质量为重。我们绝对不要“近视眼”，要从长计议，抓好内涵式发展，抓好教师队伍和教学质量，抓好教师口碑和学生口碑，以获得良好的社会口碑。

9.3 以教师为主角 以专业为主体 培养特色应用型人才

在第二次教学工作大会上的报告。

尊敬的老师，同志们：

受学术委员会和领导班子的委托，请允许我代表学校向大会作教学工作报告。

一、会议背景

（一）明晰教学思想的需要

2020年12月，北京交通大学海滨学院获批转设为沧州交通学院。2021年年底，我校召开了第一次教学工作会议，大会报告主题为《推进改革创新 加速转型发展》，其指导思想是“两必须一适应”，即“应用型大学必须以产业或行业发展需求为牵引，专业设置和教学改革必须以市场为导向，适应社会发展对人才需求的多样性”。在该办学思想的指导下，教学思想必须回答教学质量与水平的提升依靠谁，如何依靠其实现目标的问题。本报告将主要谈教学思想。

（二）应对多变性的需要

转设以来，内外环境的多变性带来了需求的多样性。我们必须顺应变革，总结经验教训，分析机遇挑战，确立下一步教学工作重点。

（三）调整教学思路的需要

以习近平新时代中国特色社会主义思想为指导，以中共中央、国务院《深化新时代教育评价改革总体方案》为依据，以顺利通过本科教学工作合格评估为目标，以教师为主角，以专业为主体，聚合内外部资源，提高教学质量与水平，培养高水平特色应用型人才（特色鲜明的应用型的简称）。

二、主要成就与问题

（一）主要成就

1. 依法依规，教授治教，教学管理专业化

（1）依法依规修订培养方案。以《深化新时代教育评价改革总体方案》为纲

领，以教育部《普通高等学校本科专业类教学质量国家标准》为蓝皮书，在借鉴十所院校资料的基础上，编制了2022版《沧州交通学院专业人才培养方案》。培养方案符合国家要求，理念创新，模式先进，成效初显。

（2）制度引领专家治教。我校先后成立了学术委员会、学位委员会、教指委、实践委、督导委、科研委等教授专家委员会，充分贯彻了民主集中制，使决策更专业化、科学化。

2. 规范化管理，全员化监督，教学事故明显减少

（1）规范教学管理。制定了《沧州交通学院毕业设计（论文）管理办法》等文件25个，《本科专业学士学位授权评估自评材料模板》等规范6个，使得教学管理有章可循，更规范、更高效。

（2）划清“教”与“管”边界。将由行政部门管理的6门课程划归教学单位管理，公选课划归通识学院管理，实现了课程归口管理，解决了职责不清的问题。

（3）实行全员督查。教学督导工作实行校院两级管理，由教师和学生信息员组成督查员，实现督查制度化；按专业常态化开展8类教学要件大普查，教学事故明显减少；督导办具体负责省教学质量优秀教师评选工作，教学管理力度有效增强。

3. 实践教学多元化，教学生态逐步向好

（1）大学生实践活动推行导师制。截至目前，参与指导大学生竞赛、入园、科研活动的教师达688人次。

（2）多渠道丰富实践教学。教师通过教研结合、产教融合、实习基地、科技特派员等形式丰富了实践教学内容，其中具有实践背景的毕设比例大幅提升，达到了44.29%。

（3）课程实验条件得到了进一步的改善，按学期常态化开展全校实验室安全大普查，实验员考核实行笔试加实操的方式，实验室安全不断强化。

（4）加强了与教学相关部门的协调协作。在教师培养、专业调整、图书保障、数据资源、教风学风、实验设备招标等方面与相关部门相互配合，教学生态逐步向好。

4. 专业结构更加优化，专业建设成效初显

（1）专业结构进一步优化。转设以来，撤销专业1个，新增专业1个。

（2）一流专业建设成果显著，累计获批省级一流专业建设点7个，其中交通运输等3个专业顺利通过验收，成为省级一流专业。

5. 教学服务更务实，师生满意度提高

（1）试卷印刷室的增设使试卷管理更安全、更便捷、更高效。

（2）智能教室改造等工作使教学环境得到改善。

（3）数字化教学资源的使用使教学效果得以提升。

（4）增设了英语和数学强化班，为“双率”（四六级英语通过率和考研录取率）提供了有力支撑。

6. 合格评估积极筹备，迎评措施正在落实

《本科教学工作合格评估动员大会》已经召开，基于观测点的指标分解和任务分配正在进行。

（二）主要问题

1. 教师地位尚需提高，角色尚需重视

教师的社会地位由专业地位、经济地位、政治地位以及职业声望等四个方面构成。任何成果、成就都源自教师，教师才是教学和兴校的主角，教师与学校是命运共同体，教师应当最受尊敬和尊重。

2. 专业主体地位尚需提升，特色应用型不显著

（1）招生工作已由“学校+专业”向“专业+学校”的方向转变，教育部办学评估将以专业评估为基点，按学科专业进行排名。因此，我们应当充分认识专业建设的重要性、趋势性、紧迫性。

（2）个别专业不符合《普通高等学校本科专业目录》中学科门类划分，会给将来专业评估带来问题。

（3）专业特色和应用型特点不显著。

3. 人才培养支撑条件尚需改善，环境建设亟待加强

（1）标志性、高水平的专业性实验室建设基本空白，目前的实验室建设仅仅能满足课程实验。

（2）基于特色应用型人才培养的校内外实践基地有待落实。

（3）通过科研项目、教研结合、产教结合、产业学院等模式培养高水平特色应用型教师的政策有待完善。

4. 主要成因

围绕着教师、专业和人才所出现的上述问题的主要成因就是思想认识不深，制度落实不到位，经费投入不足。

三、机遇与挑战

（一）机遇

1. 交大借势

北京交通大学的优势学科为我校奠定了良好的学科专业基础。

2. 京津冀协同发展

京津冀协同发展已经上升为国家战略。地处京津冀，校地互动发展为我校提供了历史机遇。

3. 教学基础良好

“十三五”期间我校打下了良好的教学基础。质量立校、人才强校、特色兴校的三大战略为我们指明了前进的方向。

4. 合格评估助力

本科教学工作合格评估为我校的师资队伍、专业建设和人才培养提供了良好的契机。

（二）挑战

1. 学生增量过大

从发展方式看，面临着从以规模扩张为特征的外延式发展向以质量提升为核心的内涵式发展转变的挑战。

2. 就业渠道变窄

从发展环境看，人才市场的供求关系正由高校为主导的供给驱动，变为由用人单位为主导的需求驱动。技术的替代性和资源的有限性，使就业形势更加严峻，人才培养更具挑战性。后疫情时代的“疤痕效应”已经显现。

3. 教师心气不高

干事创业的生态环境还没有得到根本性改善。部分青年教师对发展前景看不清，缺乏长期奋斗的动力，缺乏归属感，教师队伍稳定性较差。

4. 专业建设有待加强

（1）个别专业所培养的人才缺乏市场竞争力，专业对市场的响应迟钝。

（2）学科间的交融与创新有待深化，多学科综合优势未得到充分体现。

（3）新科技带来的新的实验手段和设备缺乏，滞后明显。

(4) 科教融合度仍未提高。

5. 合格评估任重道远

从本科教学工作合格评估的指标看，我校软硬件经费投入严重不足，潜在风险极大。

四、近期教学工作的思考与工作重点

(一) 思考

1. 国家对人才培养的目标要求、教学质量与水平的标志

(1) 指导思想："全面贯彻党的教育方针，坚持社会主义办学方向，落实立德树人根本任务……努力培养担当民族复兴大任的时代新人，培养德智体美劳全面发展的社会主义建设者和接班人。""树立以德为先，能力为重，全面发展，坚持面向人人，因材施教，知行合一的成才观。"

(2) 在指导思想统领下，教学质量与水平是一个永恒的主题。教学质量与水平的标志：同类院校间进行教学质量与水平的比较主要看7个方面，包括开放式的办学理念、高水平的教研队伍、现代化的实验条件、代表性的专业学术成果、标志性的重大科技项目、领军式人才和突出贡献人物。标准是统一的，但是实现的路径可以不同。

2. 我校的管理体制、发展战略和办学目标

(1) 依法制订了学校章程，建立了董事会决策机制，实行董事会领导下的校长负责制，实行校院两级管理体制。

(2) 发展战略选择。学校牺牲教育教学质量必将失去长远利益。大而不强，最终将走向衰落。我们必须坚持适度扩张和内涵建设的发展战略。

(3) 办学目标。建设成高水平、特色鲜明的应用型大学。

3. 再认识"特色教师"与"特色专业"

(1) 特色是依附于成果之上的，而成果包括隶属于高等学校的五大职能，即人才培养、科学研究、服务经济社会、文化传承创新、国际交流合作。特色不是说出来的，而是干出来的。

(2) 特色往往是通过教师的教研成果或效果体现出来的，因此教师的成果要有特色。无论是教学名师，还是优秀教师，首先应当是特色教师。

(3) 特色专业是具有独特师资队伍、课程体系、教学条件、人才培养方案等，已产生较好的效益和社会影响，是人无我有、人有我优、人优我新的优质专业。

(4) 我们要有自己的特色专业品牌，其具有独特性、先进性、社会认同性。

特色应该成为我们自身的内在需求和共同追求，要创造特色、挖掘特色、提炼特色、培育特色、升华特色。许多高校是通过行业特色来体现专业特色的。

4. 再认知“应用型教师”与“应用型专业”

（1）应用型高校。2017 年 1 月 25 日，教育部发布的《教育部关于“十三五”时期高等学校设置工作的意见》表明，以人才培养定位为基础，我国高等教育总体上可分为研究型、应用型、职业技能型三大类型。

（2）应用型高校建设标准。多省已经出台了《应用型本科高校建设指导标准》，如山西省教育厅提出的标准包括办学定位与治理机制、产教融合模式、师资队伍、教学资源、人才培养、学生发展、科研与社会服务、文化传承与创新、国际交流与合作、办学特色等 10 个一级指标。

（3）应用型高校自然以应用型专业为主体。

（4）应用型专业建设面临的现实困境。应用型专业建设需要应用型教师来支撑。对应用型教师来讲，既要具有扎实的理论基础，掌握最新的科学文化知识，又要了解和掌握现代专业仪器和现代装备的原理与功能。我们处在知识大爆炸的时代，应用型教师必须及时更新现代科学文化知识，不断提高自己的理论水平。应用型教师可以通过走出去和请进来的方式实现继续教育，获得最新的理论知识和现代科学技术文化知识，这项投资不是很大，一般高校都承担得起。我们处在科学技术迅猛发展的时代，教学需要的实验环境和实验设备仪器应该是最新的、最先进的。一个基于现代科学技术所构成的实验环境和大型科研生产设备仪器，造价昂贵，更新不断，一般学校无能为力。在研究型大学中，通过获得国家重大专项、参与国家重大装备仪器的研制、与大型国有企业的科研合作等方式，进而得到实践机会和能力提升。通过大项目来接触最新的实验环境和最先进的设备仪器，是很好的途径，但是一般院校很难获得机会。因此，有人提出通过教研结合、产教融合、政教融合、校企融合加以解决，即充分利用外部资源来弥补自己投入的不足。产业学院是实体，产教融合是模式。对一般院校来说，这种模式不失为一种现实选择。引进大项目进校是省教育厅的一项号召。

5. 特色应用型人才

（1）我国高等教育分类体系是以人才培养定位来划分的，培养出来的人才简称“白领”“灰领”“蓝领”。应用型人才是“灰领”，与研究型人才不同，其是面向生产、建设、管理和服务一线的专门应用型人才。作为“灰领”，通过自己拼搏和理论强化可以成为“白领”，随着不断地实践和动手能力的提升不难成为“蓝领”。应用型专业培养的人才主要是工程师，不是研究员，也不是技工。但是，对于一个应用型专业的学生来说，可以有自己的职业选项，这也提示我们，分类教学培养是必要的。

(2) 学校的办学目标和人才培养定位决定了我校培养的人才主要是特色鲜明的应用型人才，是“灰领”，是工程师。

(二) 工作重点

1. 特色应用型教师

(1) 应摆正教师应有的地位。高校教师是文化知识的传播者，是科学研究的主力军，是人类灵魂的工程师。没有特色应用型教师，就没有特色应用型专业和特色应用型人才。学校只有把教师放在第一位，教师才会把学生放在第一位。我们需要关注、关心、关爱教师。“关注民生福祉，切实解决教职员工急难愁盼问题，全面提升教职员工的获得感，幸福感，归属感。”要倾听老师的意见，理解老师的难处，包容老师的个性。

(2) 应加强特色应用型教师评价。我们需要构建《特色应用型教师评价指标体系》，为特色应用型教师指明发展方向。通过评价、评优、表彰奖励，引导教师成为高水平特色应用型教师。教师要教研结合，积极参赛，探索本科生导师负责制。

(3) 应为教师持续学习提供保障。我们需要从制度层面保障教师，特别是特色应用型教师有再教育、继续学习的机会，通过走出去请进来多渠道培训，以便教师更新知识、创造知识，跟上知识大爆炸时代的步伐。教师的教育基础是必要条件，我们必须加强教育基础训练。

2. 特色应用型专业

(1) 要充分认识特色专业建设的必要性。一所大学的排名就是学科和专业等方面的排名。专业有特色，学校才有特色。我们必须把特色专业建设好。

(2) 要加强特色应用型专业评价。我们需要构建《特色应用型专业建设评价指标体系》，为特色应用型专业建设指明发展方向。通过评价、评优、表彰奖励，引导专业成为高水平特色应用型专业。

(3) 要加大特色应用型专业的课程体系改革力度。课程要进行分类管理，公共课程、学科课程、专业课程，应当采用不同的管理方式和方法。考核要进行分级管理，采用学校统考、学院主考、专业自考等多种考试方式，探索一定比例的随堂考试和线上考试。探索建立学分银行制度，推动多种形式学习成果的认定、积累和转换，校内与校外教育有效衔接制度化。加大专业自主学习学分、学生自主学习学分、实践学分的比重和弹性。用行政手段整合资源，打破学科壁垒，使各类资源发挥最大效益。从制度层面加大毕业设计与企业、项目、竞赛的结合度和比重。

(4) 要改善特色应用型专业的实验条件。我们需要先进的实验条件和先进设备，鼓励教师走出去，到企业去，到社会去，通过教研结合、产学结合等多模式来弥补实验条件的不足，提升教师的特色应用型能力。

3. 特色应用型人才

支持学生广泛参与学科竞赛，各专业要将教育部推广的“1+X”职业技能等级证书纳入人才培养要求。各专业要建立稳定有效的校外实习实践基地，强化岗位职业适应能力的锻炼，要从强化能力入手，把好出口关。

（三）其他重点工作

1. 以教育教学为中心，打造良好的教学生态

加强教学与人事处、学生处、信息中心、图书馆、招就处、资产处、后勤处、计财处等相关部门的沟通与协调，共同进一步改善教学生态。

2. 细化合格评估指标，切实做好迎评工作

合格评估是涉及学校长期生存与发展的关键环节，为此我们要高度重视，全校上下形成共识，全力筹备。把 39 个观测点进一步细化，并将相关任务分解到学校现有的职能部门、各二级学院，认真梳理存在的问题，并提出改进措施。我们要借此机会，以评促建，以评促改，以评促管，以评促强，不断提高我校的教学质量与水平，培养特色应用型人才。

老师们，同志们！在学校董事会和领导班子的坚强领导下，我们一起走过了十五个春秋，教育教学工作取得了显著成就。站在新的起点，面对新征程、新使命，让我们以饱满的热情、务实的作风，充分开发教师的潜能，奋力挖掘专业的潜力，整合学科优势，融合社会资源，共同建设高水平特色应用型大学，培养特色应用型人才。

9.4　组织建设

9.4.1　关于学术委员会下设专委会的建议摘要

1. 学术委员会与各专委会的关系

学校学术委员会已经成立，并由学术委员会审议通过了校《学术委员会规程》。为了进一步做好我校的教学管理、科研管理、实验实践管理和教学督导工作，根据学校发展的需要，结合我校实际，依据校学术委员会规程，还需要成立校学术委员会领导下的教学指导委员会、实验实践专家委员会、教学督导委员会、科研专家委员会、学位评定委员会等由专家组成的专委会。

2. 专委会的规范性

各专委会的规程等应当参考校《学术委员会规程》的总体结构，比如总则、组成规则、职责权限、运行制度、附则；形成的文件要简明扼要，规范实用，重点回答该由什么人去做？应当做什么？如何能做好等重大问题。文件撰写要依据国家的有关文件，要参考各高校的经验。文件要经过校学术委员会审议和批准。凡是国家、省市有明文规定之处，分委会要遵守规定，保持一致。

专委会属于专家咨询委员会，其成员应当由具有副教授及以上职称的专业人员构成，其中主任委员必须由正教授担任。人数构成上，具有校院两级行政职务的委员不宜超过 50%。职能部门具有副教授及以上职称的正职领导可进专委会。要考虑学科结构、年龄结构、性别结构。要德才兼备，以德为先。要精兵简政，重质量轻数量，总数为奇数。任职年限一般为 2 年。

决议机制采用投票制，会议应有 2/3 以上委员出席方可举行，与会委员 2/3 以上同意方可通过。

3. 专委会与职能部门的关系

文件由各职能部门起草并提出建议名单。校《教学督导委员会规程》由督导办完成，校《教学指导委员会规程》和《学位评定委员会规程》由教务处完成，《实验实践专家委员会规程》由实验实训管理中心完成，《科研专家委员会规程》由科研处完成。

有了专委会和规程之后，各部门就可以依据其制订相应的细则，比如科技处的项目管理细则和经费管理细则等。各细则由各职能部门组织所属专委会出台并提交学术委员会审议。

9.4.2 在第二届教指委、实践委、督导委和科研委成立大会上的讲话摘要

今天的会议带有仪式感的色彩，因为主要是宣布教指委（高等学校教学指导委员会）、实践委（实验实践教学指导委员会）、督导委（教学督导委员会，不是教育督导委员会）、科研委（科学技术委员会）的成立并提名各专委会的正副主任委员，具体工作由各委员会另行开会研究。

1. 专委会工作任务和性质

专委会负责在校领导和学术委员会的领导下，面向教务处、实践中心、督导处、科研处工作需求，为相应部门提供辅助决策服务。

2. 委员名单形成的过程

各专委会委员由各学院提名，通过自下而上听取不同意见形成初步名单，最

后由主管校长审定。副主任委员由主管校长提名。

3. 委员提名的原则

（1）依规性。参照教育部令第35号《高等学校学术委员会规程》，依据《教育部高等学校教学指导委员会章程》（教高厅〔2018〕4号）、《关于推荐高等学校实验教学专家和仪器设备专家并组建高等学校实验教学指导委员会的通知》（教高司函〔2005〕69号）和《教育部科学技术委员会章程》（教科技函〔2020〕70号）等文件，为了做好相关部门的工作，减少决策失误，特决定成立专委会。

（2）弱化职称的限制。我校建校时间短，具有高级职称的教师不足，因此，弱化了职称的限制。

（3）广泛性。各专委会委员来自各学院，并将正副院长分布到不同专委会之中。

（4）委员具有专业背景的教师为主体并向青年教师倾斜。

（5）原则上一人一位，一名委员只能在某个专委会中任职，更利于广泛听取意见。

（6）更加专业化，并强化了来自专业的委员与来自管理职能部门的委员之间的融合，比如第一副主任委员来自教学一线，第二副主任委员来自职能处室一把手。

第10章 业务培训

本章的主要内容有：借鉴国外经验，要求无论部门大小，都要编撰年鉴，印制会议纪要汇编、简报汇编、文件汇编等，并形成一种制度。结合工作经历和感悟，浅谈了备课与授课，浅析了教学问题与对策，并面向专业人才培养方案的编制工作，撰写了工作读本，为全校此项工作提供基础性和标准化的依据。最后，分别提供了工商管理专业和机械工程专业的本科专业人才培养方案模板。

10.1　在部门年鉴撰写研讨会上的讲话摘要

10.1.1　编写年鉴的意义

很多国内外高校非常重视教学成果展览馆、科研成果展览馆、校史展览馆的建设，以及年鉴的编撰。这是一种校园文化和历史传承。

10.1.2　年鉴的特点

（1）年鉴工作是一项基础性工作和持续性工作，须每年完成。

（2）年鉴具有时段性，以年度或学年为单位撰写。教务和督导工作需以学年为单位撰写，科研工作需以年度为单位撰写。

（3）年鉴是一个微缩的博物馆，因此年鉴要图文并茂，翻阅年鉴，看到照片和图片就如临其境。

（4）年鉴是一个艺术品，因此，封面、目录、页眉、页脚、图片的大小及颜色都需要精心设计。

（5）年鉴是一个总体报告，是工作的总结、活动的纪实和重大事项的记载。

（6）年鉴是一个数据库，数据要用表格展现，清晰明了。

（7）年鉴具有系统性和体系性，要有一个完整的体系架构。

（8）年鉴具有科学性，支撑材料既要采用绝对指标，又要采用相对指标。

（9）年鉴具有权威性，因此数据要真实，事实要可靠。

（10）年鉴具有评价功能，是本科教学评估、硕士点申办不可或缺的材料。

10.1.3 年鉴撰写的要求

（1）以上为主。年鉴的撰写要以国务院、教育部、科技部的文件为依据。

（2）特色。年鉴要体现部门领域特性，突出部门工作特色。

（3）六字方针。年鉴要在全、新、精、特、鉴、便六个字上下功夫。

全：内容全面、无遗漏。新：近一学年或一年度发生的事情，而不是过去的事情。精：语言精练，词义精准，少用形容词、副词及文学性语言，避免使用套话和空话。特：具有学校特色和部门特色，突出创新性和差异性。鉴：具有鉴定性和鉴别性，利于工作查漏补缺。便：内容清晰明了，方便翻阅和查找。

（4）层次分明，科学分类，指标体系完善。

（5）规范统一。第一部分，概论（概述、综述、前言）；第二部分，基础数据；第三部分，归纳、总结和分析。

（6）结构性条目和具体评价指标完整清晰，部门合作成果可以共享，分别写进各部门的年鉴中。

（7）多采用附录，这样使篇幅更流畅，浏览更方便。

10.2 我对备课与授课的一点认识与感悟

10.2.1 前导

1. 此讲的背景

上个学期，教务处李处长就说过让我讲讲如何备课与授课。由于水平有限，实在不敢讲这个题目，真的如履薄冰，忐忑不安，还是换个题目吧，叫作“我对备课与授课的一点认识与感悟”。

2. 从授课需求看备课

先讲“授”课，再讲“备”课。我想讲好课是教学之目的与宗旨，备课必须服务授课。为了尽快进入主题，理解主题，我换一种讲法，就是先来讲授课有哪些标准规范，再说如何备课满足授课要求。

3. 共性与特殊性

首先，各专业人才培养目标不尽相同，比如，经管要培养出实实在在地能够赚大钱的任正非，计算机软件要培养出能搞出个虚拟世界的比尔·盖茨，美术专业要培养出艺术大师齐白石，音乐学要培养出歌唱家帕瓦罗蒂，英语专业要培养出国际化的外交官。

其次，各专业的授课方式、培养手段差异很大，比如，经管授课强调实证与沟通，理工科授课重视数学与演绎，艺术专业强化临摹与实战。本人工科学士，管科硕博，复合型教师，从教42年有余，深有感触，对此还有一点发言权。所以说，鄙人只能浅显地谈谈共性的东西，所讲内容局限性不小，我尽量用交叉学科的 MIS 进行举例说明，敬请参考，不要生搬硬套啊！

10.2.2 授课

1. 对“课”的理解及授课概念

（1）对“课”的再认识。“课”是指教学科目，可以使用文字描述（言）的某种知识体系（果）。比如，“微积分课”“市场营销课”等，都可以使用文字描述，且构成了完整的专业性、某个分支的知识体系。也就是说，可以构成一门“课”了。构成不了某种知识体系的不能被称为“课”，只能说是“讲座”“报告”等。

课的对象问题。授课、任课、讲课、说课所面向的对象相同，都是学生。

（2）为何选择“授课”之概念。①讲课、说课是一种生活化、通俗化的说法，是从讲者的角度表达的，比如“我要开讲啦”。“授”更强调给予、传授，是从听者、学生的角度表达的，比如，学生说“我的授课教师是李老师”，一般不说“我的讲课教师是李老师”，表示从李老师那里接收到了、学到了系统的专业知识，表达了对李老师尊敬和对知识的渴望，显得该生有文化、有教养、有修养、有内涵，比较高雅。②做人要低调，可以说“我要讲课啦”，但是不能说“我要授课啦”。③“授”不仅是尊重他人的一种表述，也没有明确“给予”的方式，不像“讲”“说”课实际上已经明确了方式。因此，语言表达、文字描述仅仅是“授课”的主要方式，但不是全部，可能还有辅助的习题训练、研讨、实验、实践（包括上机、调查、写生、参观等）、实训等。因此，在此我们围绕“授课”一词来浅谈一门课的教学问题。

（3）授课定义。授课是对传授系统知识的方式、手段及其过程的称谓。授课就是“1+N”最优化并获得最佳结果的过程，就是面向特定对象，满足 N 个约束条件的最优解。这个1，就是1个对象，N 就是各种资源、方式、手段、艺术的集合。因此，授课是一个系统工程，是一个复杂大系统。

2. 授课之目的与目标

（1）讲授某门课程之目的。就是该课程结束之后，学生应当学到什么和能做出什么的问题，对学生来说，就是一个输入与输出的问题。授课（课程）不同，彼此之间的目的不尽相同。比如，MIS（管理信息系统）课程教学的目的就是使学生通过本课程的学习和训练，能够完成一个简单的管理信息系统的总体设计、逻辑设计、物理设计并能够使得程序员依据其开发该系统。课程目的是检验该课程教学是否达到要求的纲领性依据。

（2）讲授某门课程之目标。就是基于目的之主要关联指标的总和（体系）。比如MIS（管理信息系统）课程教学目的下的课程教学目标可能包括：a）通过实体业务职能调研和需求分析，能够绘制系统功能结构图；b）通过数据字典和数据接口分析，能够绘制数据流程图，完成系统的逻辑设计；c）通过软硬件选择及环境设计，绘制程序流程图，完成系统的物理设计；d）基于设计，采用某种数据库管理工具（比如MySQL或VF或VB），开发实现一个可运行的管理信息系统（比如“学生成绩管理信息系统”）。目标应当是授课重点，也是课程考核的要点，更是课程大纲编制的最主要依据。目标是目的的展开，是其具体化、指标化内容。

3. 为什么授课教师要提前到场呢？

为什么通常要求授课教师提前10分钟以上到课堂呢？您或许需要简单地先清理一下讲台环境，给自己一个好心情呢；您或许需要检查投影设备是否正常；您或许需要检查U盘读取是否正常，激光笔控制是否正常；您或许提前让学生签到以便保障授课时间；或许您出现了急情意外还需要有时间去处理？

4. 教师是著者：讲义的重要性

（1）讲义内容最全面、最丰富。讲义是自己参考知名教材、各种中外资料经多年积累所编写的非正式出版物，它比教材、PPT丰富得多，比如某个数学模型的推导过程、某个观点的实证案例等；讲义也是对教材的修正；讲义、教材、PPT三者，前者最重要、最基础；讲义既是著作的初稿，也是学术研究的初级产品。

（2）讲义映射人。讲义是最能够反映一个教师的教学态度、学术责任感、教学质量与水平的依据。

（3）讲义决定授课效果。备课如何可见讲义，讲义如何可见教学效果。没有好讲义，则不可能有好的教学效果。纸上写不清楚，课上就说不明白。

（4）存在问题。恰恰现在很多青年教师不重视讲义，敷衍讲义，拷贝讲义，用PPT替代讲义，这是很可怕的，这样学术水平和教学质量怎能提高呢？

（5）防止电子设备出意外。为什么通常要求任课教师除PPT外，还要随身带好讲义、教材等资料呢？一旦教学电子设备出现故障，教师还可以依靠讲义和板书继续授课。

5. 教师是心理学家：学习心理浅析及应对策略

（1）我校学生的学习特点。授课对象是学生，因此必须了解和利用学生的学习特点。

①普遍有自卑感，学习信心不足。我校的学生大多是经过复读以后进入学校的，高考的失败在他们心理上蒙上了巨大的阴影，使得他们在进入大学后面对自己的学业问题时仍没有自信，65%的学生信心不稳定，有自卑感。

②学习的积极性不高，主动性较差。学生认为学习无趣的占38.7%。课上不

闻，课间不问，课后不作，再问不知。

③学生的自觉性和自律性差。学生不会主动去图书馆上自习，不能自觉规避干扰，抗干扰能力弱，抵挡不住诱惑。原因包括学生专业志向不大，勤奋拼搏的动力不足；应试教育造成的后果，填鸭式教学方式让学生受害匪浅；听不听课都能考过，考前突击，死记硬背，60 分万岁，剥夺了学生们学习的积极性和主动性；学生对专业发展和职业生涯规划缺乏认识。学习的心态浮躁，静不下心来，坐不住凳子，有的常立志却无恒志。

④高考偏科严重，整体存在异质性。基础较差，特别是数理化，造成学习困难。学习方法不科学，学习效率不高，学习效果不理想。情商较高，愿意接受新事物，对新奇特事件敏感。

（2）针对特点的教学策略。

①如何应对自卑和不自信，消除学习上的心理障碍呢？

教师是心理学家。教育家首先就是一个合格的心理学家。一位教育专家说过：要培养一个人就培养他的自信心，要毁掉一人就毁掉他的自信心。育人要育心，我们要从消除学生的自卑心理入手，运用积极的心理暗示，激发学生对学习的信心和兴趣，使教学获得最佳的效果。

给学生们巧设成功，让其体验成功，培养其自信，激发其兴趣。体验成功，是培养学生自信心的源泉。课堂上有意识地给学生们创造成功的条件和机会，让学习偏差的学生在学习活动中获得成功体验，使他们克服自卑的心理，增长信心。比如，适当降低提问问题的难度，使学生基本能够正确回答。学生在课堂上的笑容，就是自信的真实表现。

运用赏识，满足其荣誉心理，激发其动力。心理学家曾做过这样一个实验：在一个班级中挑出一位最笨最丑的姑娘，要求全班同学改变对她以往的看法，并以假乱真地从心里认定她就是班级中最聪明、最漂亮的姑娘，争先恐后地夸赞她，目的是让自卑的她建立自信心。一年后，这位姑娘的成绩居然跃居班级第一，并奇迹般变得漂亮起来，还婀娜妩媚、楚楚动人。赞扬激励以惊人的力量发掘了她潜在的智力，展示了她内心深处蕴藏的美。美国心理学家威廉姆斯有句名言：“人性最深刻的愿望就是希望别人对自己加以赏识。”所以，对待学习偏差的学生要采取多表扬少批评的方式。答对问题的学生，教师可以做一个跷起大拇指的手势；对羞于开口的学生，可用“试一试”来鼓励他们；对答错问题的学生，则用“下次继续努力”来安慰他们。

②如何提高学习的自觉性、主动性、积极性呢？

榜样的力量。给学生介绍通过学习改变自己的事迹，比如考上硕士研究生的学生是如何积极学习的？毕业之后在岗位获得单位认同的学生是如何主动学习的？将课程知识与学生的职业发展之间的关系通俗地讲清楚，使其感到课程学习对职业发展作用很大，增强其学习的自觉性和主动性。

创造机会。课后留一些需要到图书馆查阅资料才能完成的作业，消除学习上的惰性。

课堂互动。课堂开展积极的互动教学，改善课堂气氛，调动学生参与的积极性。

加大平时测试力度，创新考核方式，比如考试的题型可以适当增加一些需要平时阅读积累才能完成的内容。

③合理利用偏科激发内在优势。偏科是存在的事实，也不尽是坏事，关键是如何转化，如何利用其特点进行教学。比如有的学生数学基础不错，你可以让他在定量计算问题上多出头露面，回答问题、走到前台、解题计算，提升其荣誉感、幸福感、自信心。有的学生文科不错，表达表演能力极强，你可以让其讲故事、说案例，让其成为演说家，或许他将来会成为一位出色的企业家或领导者呢！

（3）关于基础和方法。我校学生数理基础普遍不太好，可以在讲授相关内容之前适当补充或复习数理知识，使其能够平滑地与新内容衔接上。

不同的课程，学习方法有所区别，亦可以说，学习方法无穷无尽。我想说的是：还是多讲 Know，少讲 How；多讲、讲透思想方法和技术方法，少讲如何去做的问题；会设计汽车难道还怕修汽车吗？知道了原理、机理，那么如何去做还会难吗？假设、定义、思想最重要。

6. 教师是演员：术语、语速、语调、表情

课堂授课是通过声音（语言、语气、语调）和行为来表现的。

（1）专业术语。在课堂上，正确使用专业术语授课，是教师的基本功之一。专业术语是指专业课程体系中规范的文字表达，是符合该专业的定义、原理和规律的规范。比如，不能说企业的“花销”太大，应当说“成本”太高。

（2）语言表达。要符合汉语规范和专业规范，主谓宾补定状。要有层次性、逻辑性，要短小精悍。如李强是一名优秀的学生。优秀的学生主要看德智体三个方面。李强是预备党员，学习成绩排在班级前三，篮球打得非常棒。这样描述李强更有逻辑和层次感，循序渐进，层层展开，学生听起来轻松、明白。

（3）语气和语调。语调（intonation），即说话的声调，声调有高有低，有轻有重，语调的高低应当根据语句的内容进行配置和变化。比如平声“你说啥？”与高声“你说啥？”含义不同，同样的话用不同的语调说出来会表达不同的信息。有句俗话说：“锣鼓听声，说话听音。”高尔基的诗《海燕》：“在苍茫的大海上，狂风卷集着乌云。在乌云和大海之间，海燕像黑色的闪电，在高傲地飞翔。”赵本山小品《相亲》中的语气语调很夸张，有意思。否则，平铺直叙，学生会发困，提不起精神。多用语气词，比如，“对吗？”“是啊！”“Ok 啦”。多用反问句，

比如“为什么房价会波动呢？这是因为……”“难道没有其他设计方法吗？不，还有一种”。

(4) 语速。播音员的语速，句号要停3秒，留给学生思考理解的空隙。

(5) 表情与肢体语言。教师是表演家。肢体语言（又称身体语言），是指通过头、眼、颈、手、肘、臂、身、胯、足等人体部位的协调活动来传达人物的思想，借以表情达意的一种沟通方式。肢体语言也是演员的必修课程。

7. 教师是职业人：仪表仪容，举止神态

高校教师是一种高尚的、具有文化内涵的特殊职业，因此就必须有职业的要求，其中仪表仪容、举止神态就是其一。

要脸：脸面要修饰，不能胡子拉碴，披头散发，汗气熏天。

得体：着装要合体，不能拖拖拉拉，外衣像泳装，内衣黑边框。

放松：举止要大方，走路不要弯腰低头，课堂目不转睛。

8. 教师是科学家：要有丰富的科研经历和扎实的科学基础

(1) 必要性。具有较高科研水平的教师，必然对教学内容思考得更为深刻透彻，对知识的把握更为准确，教学更易做到“深入浅出”，有助于学生学习与理解。你没有开发过或参与过真实的信息系统设计，要自信、清楚地讲授MIS是难以想象的。

(2) 教学营养。科研项目是教学的案例、实证、验证。

(3) 驱动力。科研促使你综合运用知识去解决立项问题，而且往往只有创新才能解决问题，这样就丰富了专业知识，提升了教师素质。

9. 不要过度依赖PPT

PPT是PowerPoint的缩写。PowerPoint = Power（力量）+Point（要点），就是有力的要点的展示。我们制作一个后缀名为“.ppt”或“.pptx”的文件，其使用的制作工具就是Microsoft Office PowerPoint，即微软公司的演示文稿软件。

PPT是演示文稿，是Point，不是Area，不是讲稿。如果将PPT当成讲稿，照本宣科，讲课重点不突出，学生听时昏昏欲睡，效果极差。这往往是教师备课不充分，态度不认真，内心不自信的表现。有些解释性内容、案例、举例等可在讲义中体现，不必在PPT上出现。

PPT仅仅是手段之一：应当充分认识到，有的课程仅仅依靠PPT是无法获得理想教学效果的，可能需要实验、仿真、讨论、演绎等。有的青年教师把PPT当作拐杖啦！

10. 课堂讲课与教辅活动的关系

授课不仅仅是在课堂上进行语言阐述和推导演绎，可能还需要材料性实验、上机仿真、案例研讨、社会调查、数据分析等环节加以辅助，每个环节都需要设

计、组织、实施、反馈、评价等。作为授课教师，所有涉及的教辅环节都必须亲自参与设计、组织、实施、反馈和评价，课堂与教辅绝对不能隔离开来。比如，讲授 MIS 课，作为教师你必须亲自做过所有的作业，可能你会发现习题编写有误或计算结果不对；系统设计需要实施来验证，软件环境如何搭建？选择哪种开发工具以及如何安装？按照详细设计所编写的程序代码是否能正常运行？数据调用和计算是否正确？功能是否达标？你不参与，则无法体验，无法发现，无法解答，难以获得学生的信任、敬佩、理解。

11. 关于授课的重点、难点、疑点

如何突出重点、攻克难点、消除疑点。

（1）授课重点。授课重点是指前面所说的课程目的与目标所对应的核心关键知识点。

现状：课堂中，有的教师，课本上有什么讲什么，面面俱到，没有筛选，内容无针对性，造成重点不突出，学生抓不住要点，理解不透，提不起兴趣，回答不准，考试不过。这导致自尊心受伤，学习不积极。比如讲非科学性的东西占用时间过多，讲决策步骤口若悬河，但是讲决策方法却轻描淡写；系统设计的重要性讲得很多，但是如何设计却讲得很少。

重点不是一点或几点，而是构成该课程体系的逻辑要点之和，当然也是考核的主要内容。重点不突出，就是对整体没把握，条理不清晰，因为条理是由重点按逻辑顺序组成的。

（2）授课难点。授课难点是指学生不易理解的知识，或不易掌握的技能技巧，是新内容与学生已有的认知水平之间存在的较大落差。分析这个落差，搭建合适的台阶，正是教学艺术性之所在。

原因：大多数学生感觉困难都是因为数学基础较差。

对策：因为有落差，就要深入浅出（内深外浅）地讲授；就要多方式、多轮次地进行训练，就要合理进行数学基础知识的复习。

（3）授课疑点。授课疑点是指存在争议、多种结果并存、观点大相径庭的知识点。比如，“规模效益”的理论，“多种经营”的理论等就争议不断。

建议：教师不要站队，不要强求，要开放，要自由，只给出事实和前提即可。

10.2.3　备课

1. 备课的作用

备好课是上好课的前提。对教师而言，备好课可以增强教学的计划性和针对性，有利于在课堂上充分发挥主导作用。前面比较详细地说了授课，那么说备课就容易多了！

2. 提倡集体研讨和集体备课

备课分独立备课和集体备课两种。集体备课能有效凝聚集体的智慧。教师的教学年限、业务水平、学科专长和教学经验各有不同，从而导致教学水平的差异。通过同科教师的积极讨论，可以集思广益，博采众长，在讨论的过程中相互启发，在思想的碰撞中擦出智慧火花。通过自我钻研、集体研讨、分工主备、教后反思的集体备课环节，教学工作可以得到全程优化，教学水平得到进一步的提高。对青年教师来讲，也是一个传帮带的过程。

3. 选好教材是备课的起步

选好教材对于提高学生学习效果至关重要。教材的内容、组织结构、语言表达等因素都是影响学习效果的关键要素。一本合适的教材可以帮助学生更好地理解和掌握知识，提高学习效率。

（1）选材依据。遵守学校有关教材选择的规定，选择那些经典教材、知名教材、高层次教材、多校使用多次再版的教材为好。

（2）教材一本。教师推荐给学生的参考资料可以很多，但是教材一本为好。这是由于学生的经济条件有限，同时也有利于教学管理和监督。

（3）教材对比。要进行中外教材之间的比较分析。

4. 备课需要走通课程教学各个环节

备课不仅仅要完成课堂讲义，还要撰写习题课、实验、实践等环节所需要的文档。一门课程的教学效果与各个教学环节都有直接关系，因此每个教学环节都不能轻视。比如，习题课也要做好设计、组织、反馈、评价等工作。

5. 备课需要广泛参考中外文献资料

（1）认识。广泛参考中外文献资料是进行学术研究的基础，对于提升教研质量、确保学术诚信以及促进知识创新具有重要意义。我认为，备课就是一个若干个专题的学术研究过程。一本高水平的讲义，是教师阅读了很多中外文献，特别是优秀期刊文章，认真研究的结果。

（2）多多益善。你会发现，同一个问题，不同的文献观点不同、论证方法不同，这会使你的思路更加开阔。资料越多，你得到的越多，也就更自信自如。

（3）期刊与备课。高水平文章不在书中，而在期刊里。期刊更新快，层次高。阅读期刊和认真钻研是备课水平提升最有效、最有层次的途径。

6. 备课教案的批注问题

如果你去翻阅一位资历很老、教龄很长的教师所撰写的讲义，你会发现，到处都是批注，有文字批注，有符号批注，有图形批注，有红线、蓝线、黄线。这是为什么呢？讲义和教材不一样，讲义经常带有批注，比如，提醒自己在讲到某个问题的时候，作为举例介绍一下某个人物，这样你就可以在批注处标明该人物的姓名和故事梗概；再比如，在构建模型的时候，如果该模型的假设会造成模型应用具有局限性，你就要批注标明，清晰地告知学生们要恰当使用该模型。

10.3 新教师教学中主要问题成因分析及对策建议

从本科到博士，茶余饭后，夜不能寐，你是否曾经参与对自己的老师从仪表仪容到表达能力的点评？明天，你将走向讲台，或许你会感到讲课和听课根本不是一回事。下面我将以一名最普通老教师的身份与青年教师们进行交流。

10.3.1 教学环节及其要求

1. 理论教学

（1）课前。作为一名新入职的青年教师，你或许会很快被安排讲授一门新课。

你需要了解该课程的大纲与要求，申领教材、借阅教学资料，向老教师请教，借阅老教师的教案，掌握本课程前后衔接的课程和所必要的数理基础知识，查阅历年本课程的试卷，了解课堂教学中容易发生的主要问题。

①课程大纲。课程大纲是指根据教学计划，以纲要形式规定一门课程教学内容的文件。其中包括教学目的、教学要求、教学内容、理论课时与实验、习题课的时数分配、教学进度、教学法、参考书目、教学仪器、直观教具等方面的提示。教学大纲是编写讲义和开展教学的最首要依据，也是衡量教师教学质量和评定学生学业成绩的重要标准。

②教案（讲义）。教案是教师为顺利而有效地开展教学活动，根据课程大纲和教科书要求以及学生的实际情况，以课时、知识点或课题为单元，对教学内容、教学步骤与方法等进行的具体设计和安排的一种实用性教学文书。

③准备讲稿。撰写课程讲义，制作PPT，也可能还需要准备必要的实物或试剂以便进行课堂演示。PPT是演稿，不是讲稿。时常也需要板书，板书不能太差，要注意黑板上板书的布局。

④熟悉环境。你需要了解和掌握教学仪器设备，了解教室的方位和教室编码规则；课前要提前10分钟到教室，注意课时等。

⑤熟知对象。了解学生的基本情况和专业基础状况，文科生和理科生的比例，要了解行政班和教学班的人数、班长、学委，确定课代表。了解购买教材的学生比例，学生的学风和班风。

（2）课中。

①课堂纪律。要考勤，对迟到早退、上课睡觉、不愿坐前排、不记笔记、玩手机等现象要分析原因，既要反躬自问，也要强化管理。

②课堂气氛。要根据授课要点，加强互动，调动学生的积极性，形成一种课上频频举手发言，课间主动交流的局面。

③课堂效果。做到不生搬硬套、照本宣科，能让学生深入浅出，真正弄懂、弄明白。

④课程实验。部分课程，既有理论教学，也有实验教学环节。

⑤习题课与作业讲评。习题课和作业讲评，可以帮助学生消化理解所学内容，以便掌握学生的学习程度与状态。

⑥师生之间的教学矛盾处理。运用心理学调动学生的积极性，充分发挥班长、学委、课代表的作用，成立课程学习小组。在课堂等公开场合，教师要学会缓解、延迟、终止师生争吵的工作艺术，杜绝师生之间在课上发生直接冲突，避免场面失控。

（3）课后。批改作业的批次和批量应当科学合理，课后答疑要及时，课后辅导应当突出重点。

（4）结课。

①梳理归纳，考前辅导。课程知识点要梳理归纳，复习要突出难点、重点、疑点；不要划定考试范围，避免教学事故。

②命题与试做。命题应与课程大纲相呼应，应考虑考试时间、题型、难度，知识点的分布、主观题和客观题的比重，以及可控题型的设计。教师应了解学生的基础状况，考题难度应适中，考试分数应正态分布，避免大面积不及格。试卷要试做试判，发现问题及时改正。

③考场管理。教师应事先告知考生考场所能带的东西、考试要求等，学生应熟知考试的时间与地点，座位排次应规范。任课教师和命题教师应当到考场，以便及时回答和处理试卷问题。

④评卷与平时成绩。要依据学校评卷规则和试卷评分标准评阅试卷。平时成绩的比重、依据项及其权重，学校不同，规则不同。有的学校规定，基础课平时成绩的比重最高可占50%，这是否合理，值得商榷。

⑤自评与改进。考试结束之后，教师要结合课程大纲和考试试卷的结果进行分析。怎么分数不是正态分布？为什么基本知识点考得不好？为什么有的学生平时课堂表现很好，但考试分数很低。今后教学应当在哪些方面进行改进？在教材与讲义、基础理论、实验、试卷、答疑、学生的积极性等方面都要进行总结。

2. 实践教学

在应用型大学中，实践教学越来越受重视。实践教学包括课程实验和各种专业实践。

（1）课程实验。实验是根据科学研究的目的，利用一些专门的仪器设备，采用专业性方法，控制或模拟研究对象，使某一些事物（或过程）发生或再现，从而去认识自然现象、自然性质、自然规律。高校的实验一般都是在实验室内完成的。有观赏性实验、演示性实验、课程实验、模拟实验、化学实验、结构实验、原理实验、单元实验等。实验不是试验。

（2）专业实践。专业实践是大学生的一项专业性活动，名目繁多，比如专业实训、专题实践、小学期实践、顶岗实践、采风、社会调查等。

（3）毕业实习。毕业实习是指学生在毕业之前，即在学完全部课程之后到实习现场参加实际工作，通过综合运用全部专业知识及有关基础知识解决工作中遇到的专业技术问题，获取独立工作能力，在思想上、业务上得到全面锻炼，并进一步掌握专业技术的实践教学形式。

毕业实习与毕业论文的关系：毕业实习往往是与毕业设计（论文）相联系的一个准备性教学环节，也是毕业论文题目的主要来源。

毕业实习环节与要件：毕业实习包括实习动员、过程指导、实习答辩三个环节。要件包括安全协议书、人身保险、实习计划、实习笔记、实习报告、专题报告、企业导师意见、校内导师意见等。专题报告最重要，因为专题报告是运用专业知识解决实习单位具体问题的研究方案和技术方案，是学生专业能力的具体体现。

毕业实习分为集中毕业实习和分散毕业实习。鉴于实习经费紧张、企事业单位接收能力有限、实习现场存在潜在危险等原因，各高校集中毕业实习越来越少。

3. 论文指导

学位论文是作者为获得某种学位而撰写的研究报告或科学论文。学位论文一般分为学士论文、硕士论文、博士论文三个级别。学位论文代表不同的学识水平，是重要的文献情报源之一。它一般不在刊物上公开发表，只能通过学位授予单位、指定收藏单位和私人途径获得。

（1）指导论文的 7 个阶段。根据人才培养方案安排，大部分学校毕业论文开始于第七学期的后 8 周，指导论文时长一般为 16 周，分为 7 个阶段，参考表 10-1。

表 10-1 指导论文的 7 个阶段

阶段	内容
第 1 阶段	学士学位论文启动
第 2 阶段	征集题目、学院审核、选题并下达任务书
第 3 阶段	开题
第 4 阶段	中期检查
第 5 阶段	成立答辩机构，明确具体答辩事宜
第 6 阶段	定稿、查重、评阅
第 7 阶段	答辩、上报成绩

（2）学位论文指导手册与内容。

前言
任务书
第1次指导记录表
开题报告
第2次指导记录表
第3次指导记录表
第4次指导记录表
第5次指导记录表
第6次指导记录表
指导教师评阅意见表
评阅教师评阅意见表
答辩小组评议意见表
成绩单

（3）学位论文的规范与模板。

目　录

◢ 第1章 学生学位论文各部分的写作要求
1.1 学士学位论文的各部分组成及装订顺序
◢ 1.2 页面要求
1.2.1 打印纸要求
1.2.2 页面设置
1.2.3 页眉与页码
◢ 1.3 学士学位论文各部分写作要求
1.3.1 封面
1.3.2 学位论文原创性声明和使用授权书
1.3.3 中文摘要及关键词
1.3.4 英文摘要及关键词
1.3.5 目录
▷ 1.3.6 正文
1.3.7 结论
1.3.8 参考文献
1.3.8 致谢
1.3.9 附录
◢ 第2章 参考文献著录规则及注意事项
▷ 2.1 参考文献著录方法
▷ 2.2 文献著录中应注意的若干问题
参考文献

（4）学位论文的基本要求与评分标准如表10-2所示。

表10-2　学位论文的基本要求与评分标准

序号	评分依据	参考分值
1	选题符合专业方向，与专业吻合度高，体现专业特色，具有一定价值	15

续表

序号	评分依据	参考分值
2	总体思路清晰，技术路线明确，内容陈述明了，回答问题准确	20
3	内容结构合理，方法科学，数据、图表、模型、仿真、编程、工具、实证等标准规范	30
4	研究目的明确且达到，标题与内容呼应	15
5	格式规范，工作量饱满，条理清晰，文笔流畅	20

10.3.2 教学问题的对策建议

1. 注重基础知识和专业基础知识的巩固与更新

教学过程中出现的许多问题都是由于青年教师的基础知识和专业基础知识不扎实，特别是数理知识基础很差，自己搞不清楚为什么，不会演绎和推导，不懂原理机理，因此上课讲不明白，学生听不明白，学生不愿意听，教学质量难以保证，难以获得学生的认同，更谈不上教学水平了。

大概率讲，一个大学生的基础和专业基础很差，怎么能发表一篇较好的文章？怎么能撰写好毕业论文？怎么能进行专业性的科学研究？怎么能解决专业性的技术问题？怎么能设计技术含量高的产品？能设计发动机就自然会修理发动机，能修理发动机未必能设计发动机。如何基于科学知识、运行原理设计发动机是大学的事，是科学文化，是科学知识，而修理发动机那是毕业以后的劳动工作，不是科学工作，是就业问题。

2. 建立学习型组织和持续学习

组织和团队是获取知识的重要渠道，知识交叉是创新的重要源泉。因此建立学习型组织极为必要，你可以通过这个学习型组织获取思想和知识，不断提升自己。

现代科学知识更新速度越来越快，知识的淘汰和过时也越来越快，学生获得知识的渠道和手段也越来越多，或许学生比老师知道的还要多、还要新，网络课件可能比老师在课堂上讲得还要好。因此你需要不断地学习，持续地学习，永恒地学习，要真正讲好每一个知识点，这样才能跟上时代步伐，才能使得学生获得新知识和获得学生的认同。

3. 积极参与科学研究、教学研究、大学生创业等活动

教育部长怀进鹏院士提出教研结合，而不是产学研结合。教研属于同一层面知识问题，要教研结合，以研促教，知行合一。培养人是通过知识的传授来实现

的。知识是科学问题，不是产业问题。

教学质量和水平与科学研究、教学研究、大学生创业都有紧密的关系。参与项目就会遇到新问题，通过思考、请教、自修和集体研究，问题才会得以解决，这个过程也是一个知识更新和创新的过程。

10.4　专业人才培养方案设计工作读本

前言

专业人才培养方案（简称：方案）对教育教学的重要性毋庸置疑，也无须赘述。

读本资料包括：

(1) 在方案修订工作启动与培训会上的讲话（兼培训），校教学主管。

(2) 对方案反馈意见的答复，校教学主管。

(3) 关于双超和双证问题的指导意见，校教学主管。

(4) 通识课的管理现状与对策建议，校教学主管。

(5) 专业人才培养方案写作规范（2022 试行版）。

(6) 机械工程专业人才培养方案（2022 试行版）。

(7) 工商管理专业人才培养方案（2022 试行版）。

方案起草工作小组撰写此读本的目的：为有关人士提供一个专业性的知识读本，以便在今后的教育教学工作中更容易交流和配合；为各个专业撰写方案提供规范和模板，以便减轻大家的工作量并提高方案撰写的质量与效率。

本方案设计是一项工作量很大的专业性工作。历时数月，方案起草工作小组完成了本读本。读本中仍会有许多不当之处，敬请批评指正，我们也仍需在实践中逐步充实和完善。

第 1 章　营养来源与文件依据

3 份文件 2 个定位 10 所样本。

1.1　教育部主要文献

教育部颁布了《普通高等学校本科专业类教学质量国家标准》（以下简称《国标》）。2013 年 4 月，教育部委托 92 个专业类教学指导委员会启动了《国标》研制工作，前后历时四年多，先后组织了几百场工作研讨会和征求意见会。参与《国标》研制工作的专家教授达 5 000 多人，很多知名专家和两院院士参与其中。

教育部颁布的《普通高等学校本科教学工作合格评估指标体系》(2012 版)。

教育部印发的《全国工程教育专业认证试点办法》（教高厅〔2007〕5 号）中

有关专业人才培养的认证指标。

1.2　我校办学定位和人才定位

办学定位："努力把学校建设成为办学定位精准、教学理念先进、人才培养质量高、科技创新能力强、服务地方成效好，优势突出、特色鲜明的国内高水平、区域一流的应用型民办本科大学"（摘自校"十四五"时期事业发展规划）。

人才定位："培养综合素质高，理论基础好，实践能力强，具有创新创业意识，面向生产、建设、服务和管理一线的高水平应用型人才"。

1.3　参考了哪些院校的专业人才培养方案（以下简称方案）?

1.3.1　参考样本

本方案修订参考了哈尔滨工程大学、中国石油大学、大连海事大学、海南大学、江苏科技大学、哈尔滨理工大学、西安工业大学、复旦大学、北京交通大学、哈尔滨学院等十几所高等院校的专业人才培养方案（以下简称样本）。

1.3.2　样本特点

总体来看，高层次院校站得更高，看得更远，更专业、更严谨、更规范，参考价值更大。

强调法规依据性。严格遵循国家有关规范，比如，教育部颁发的《国标》中有关专业人才培养目标、专业总学分、毕业要求、专业核心课程、各类课程的学分比例等具体规定；教育部颁发的《全国工程教育专业认证试点办法》（教高厅〔2007〕5号）中有关毕业要求及其参考指标等。

采用设计工具来增强方案的科学性。比如，采用《毕业要求对培养目标的支撑矩阵表》来描述毕业要求指标Y与培养目标X之间的关系，采用《课程（环节）对毕业要求的支撑矩阵表》来描述课程Z与毕业要求指标Y之间的关系，通过X、Y、Z三者之间的逻辑关系体现了方案的严谨性、科学性，实现了所开设课程都是对应毕业要求、符合培养目标的目的。

可以说，如今编制方案不再是一项编制工作，而是一项设计工作。

继承与发展了许多教育理念，比如，自主教育理念、OBE教育理念等。

更加注重对学生的自主性教育，赋予学生更多的个性化发展空间。

1.3.3　主要借鉴了什么?

- 主要借鉴了样本所体现的专业人才培养目标、指导思想、基本原则、结构设计、规则规范等重大内容。

第2章　先行概念与基本规则

● 全息表（见 Part 6）是方案构成的最主要部分，而该部分主要由课程类别、课程性质、学分学时、学期分布等要素构成，故非常有必要先说说与课程有关的概念与内涵。

2.1　课程的概念与分类

2.1.1　课程的概念与特点

1. 课程类别

在高等教育中，关于课程并没有严格的定义，分类也很多，比如，理论课、实践课；必修课、选修课、指定选修课、任意选修课；考试课、考查课，等等，甚至把某个实践环节也称为课程，比如实验课。

2. 课程特点

从时间来看，授课时段有的在白天，有的在晚间。

从空间来看，课堂有的在教室，有的在实验室；有的在工厂，有的在工地。

从手段来看，授课有的需要借助仪器设备或工具，有的不需要。

从方法来看，有的课程具有理论与方法，有的没有。

从考核来看，结课考试有的需要闭卷笔试，有的不需要；有的被指定为考试课，有的没有。

从指导来看，有的课程（环节）需要导师，有的不需要，比如毕业设计就离不开导师指导。

从自主性来看，有的课程（环节）学生可以自己选择，有的不可以。

从管理来看，有的课程需要教务部门排课，有的不需要。

从刚性来看，有的课程被指定为必修课，有的没有。

从规则来看，为了便于专业人才培养方案设计，一般把达到最低学时的教学活动都列为一门课程。比如，一般规定设课的最低学时为 16 学时。

2.1.2　从知行关系分，理论课与实践课

1. 理论课

在工科中，一般把具有科学思想和科学方法的课程视为理论课，授课方式以室内课堂讲授为主。

理论课与实践课的划分：一般按照该课程的学时比重划分，如果以理论课时为主，则该课程为理论课。

我们规定：在理论课程中设置实践学时的时候，一定要考虑实践学时的必要

性和学时数。原则上，仅有几个学时的小学时上机课，不得占用全校性的公共资源，因为资源非常紧张。

2. 实践课

实践课是指运用相关理论与方法，需要借助仪器设备、材料、器件、手段、环境等要素消化理解专业知识的实践活动，其特点是实践学时在本门课程中占比很大或完全实践学时。

实践课包括上机、实验、实训、小学期实践、课程设计、金工、社会调查、毕业实习、毕业论文（设计）等活动。

2.1.3 从课程性质分，基于选课强度分为必修课与选修课

必修课是对学生选课的刚性要求，选修课是对学生选课的柔性要求。在学分、学时、学期三个方面两者没有必然联系，也与考核方式无关。

原则上，除《国标》或学校明文规定外，课程性质由专业确定。

2.1.4 从考核性质分，基于考核权重，分为考试课与考查课

考试课程的特点：①一般是比较重要的课程，比如，学科基础课和专业核心课；②相对考查课，一般学分较大；③大多是后续课程的基础；④考核方式相对规范和严格一些。

2.1.5 从学术水平分，学位课与非学位课

经过高等院校或科学研究部门学习和研究，考试成绩达到该学校和科学研究部门授予学位的标准后，学生就可以得到由相关部门授予并得到国家承认的学位，而所谓学位课，即为了获取学位学生必须通过的课程，它也是反映本学科最重要的基础理论和专业知识的课程，是学位绩点计算范围内的课程。

有的学校将学位课单独列表，独立计算绩点。

2.1.6 通识教育课及有关文件规定

通识教育英文表述是 Liberal Arts Education，其目标是在现代多元化的社会中，为受教育者提供通行于不同人群之间的知识和价值观，其课程具有以下特点：其科学理论与方法不突出；是一种非专业、非职业性的教育；是对所有大学生的人文教育、素质教育，也是大学精神的体现。如道德修养与法律基础、综合英语、心理健康等课程。

通识教育课程体系中，不仅要有必修课，还要赋予其适当学分比重的选修课，以便开设学科交叉课和知识集成课等。

绝大部分通识教育课程都是跨院系的课程，在学时、学分、学期安排上要优

先考虑，否则学科基础课、专业课等无法安排。

原则上，思政、体美劳、军事理论课与军事技能、创业就业、心理类课程由通识学院牵头。

1. 思政课

中宣部、教育部《新时代学校思想政治理论课改革创新实施方案》(教材〔2020〕6号) 指出：高等学校思想政治理论课（简称：思政课）本科课程体系共有5门必修课，共计16学分：

(1) 马克思主义基本原理概论（简称：马概），3学分。

(2) 毛泽东思想和中国特色社会主义理论体系概论（简称：毛概），5学分。

(3) 中国近现代史纲要（简称：纲要），3学分。

(4) 思想道德与法治（简称：法治），3学分。

(5) 形势与任务课，2学分。

2021年，国家教材委员会又印发了《习近平新时代中国特色社会主义思想进课程教材指南》的通知（国教材〔2021〕2号），1.5学分。

课程类型为通识教育类，课程性质为必修。文件明确了学分，但是没有规定学时。通识学院与思政部协商编写课程大纲。

教育部关于思政类课程的学分规定列表见表10-3。

表10-3　教育部关于思政类课程的学分规定列表

序号	课程名称	规定学分	文件依据
1	思想道德修养与法律基础	3	教材〔2020〕6号
2	中国近现代史纲要	3	教材〔2020〕6号
3	马克思主义基本原理概论（马概）	3	教材〔2020〕6号
4	毛泽东思想和中国特色社会主义理论体系概论（毛概）	5	教材〔2020〕6号
5	习近平新时代中国特色社会主义思想概论（习概）	1.5	教材〔2021〕2号
6	形势与政策	2	教材〔2020〕6号
合计		17.5	

2. 体美劳课

(1) 体育课。

教育部《全国普通高等学校体育课程教学指导纲要》（教体艺〔2002〕第13号）指出：高等学校的1~2年级必须开设体育课程，4个学期共计144学时。修满规定学分、达到基本要求是学生毕业、获得学位的必要条件之一。对三年级以上学生（包括研究生）开设体育选修课。

课程名称设定为《体育》，该课程的教学管理与组织由通识学院负责，课程类型为通识教育类，考核性质设定为必修。文件明确了学时，但是没有规定学分。建议 1~4 学期开设。

（2）美育教育课。

《教育部关于切实加强新时代高等学校美育工作的意见》（教体艺〔2019〕2号）指出：美育教育就是为了提高学生的审美和人文素养，培养德智体美劳全面发展的社会主义建设者和接班人。把公共艺术课程与艺术实践纳入高校人才培养方案。

实行学分制管理，但是没有明确学分要求。是毕业的条件之一。

课程名称设定为“美育教育”，该课程的教学管理与组织由通识学院负责，课程类型为通识教育类，课程性质设定为必修，记 1 学分，通识学院与艺术学院协商授课和编写课程大纲。

（3）劳动教育课。

教育部《大中小学劳动教育指导纲要（试行）》（教材〔2020〕4 号）指出：劳动教育是德智体美劳全面培养的教育体系的一部分，让学生动手实践、出力出汗、接受锻炼、磨炼意志、培养学生正确的劳动价值观和良好劳动品质。

文件中指出实习实训、创新创业活动、三下乡，西部计划、红色之旅都属于劳动的一部分，因此是否结合我校实际情况，考虑劳动的多样化呢？

文件规定，本科阶段不少于 32 学时。

课程名称设定为“劳动教育”，教学管理与组织由通识学院负责，课程类型为通识教育类，课程性质设定为选修，学时 32 学时，记 2 学分，通识学院与学工处协商授课和编写课程大纲。

3. 军事理论课与军事技能

教育部、中央军委国防动员部关于印发《普通高等学校军事课建设标准的通知》（教体艺〔2019〕4 号）指出：军事课设“军事理论”“军事技能”，为必修课程。军事课实行学分制管理。“军事理论”教学时数 36 学时，记 2 学分；“军事技能”训练时间 2~3 周，实际训练时间不得少于 14 天 112 学时，记 2 学分。

课程名称设定为“军事理论”和“军事技能”，该课程的教学管理与组织由通识学院负责，课程类型为通识教育类，课程性质设定为必修，通识学院与学工处协商授课和编写课程大纲。

教育部关于体美劳类课程的学分规定列表见表10–4。

表10–4　教育部关于体美劳类课程的学分规定列表

序号	课程名称	规定学分	文件依据
1	体育	9	教体艺〔2002〕13号
2	美育教育	1（没明确）	教体艺〔2019〕2号
3	劳动教育	2	教材〔2020〕4号
4	军事理论	2（36学时）	教体艺〔2019〕4号
5	军事技能	2（2~3周）	教体艺〔2019〕4号
合计		5门	16

4. 就业—创业—心理类课

（1）创新创业教育课。

国务院办公厅《关于深化高等学校创新创业教育改革的实施意见》（国办发〔2015〕36号）文指出：创新创业教育的目的是推动毕业生创业就业，服务国家建设，提高高等教育对稳增长、促改革、调结构、惠民生的贡献度。

学分认证方面，建立在线开放课程学分认证制度，构建课堂教学与自主实践相结合的“双创”教育体系；学分获得渠道与考核方面，充分利用实验室、训练中心、科技园、创业园、孵化园、校外基地等场所，探索将学生开展创新实验、发表论文、获得专利、专业大赛、自主创业、参与教研项目等活动认定为课堂学习并折算为学分，建立学分积累与转换制度。管理方面，设立创新创业奖学金，制定学校的“双创”教育实施方案。没有给出具体学分要求。

课程名称设定为“创新创业教育”，教学管理与组织由通识学院负责，课程类型为通识教育类，课程性质设定为必修，学分定为1学分（16学时），通识学院与“双创”教研室协商授课和编写课程大纲。

（2）职业发展与就业指导课。

教育部《大学生职业发展与就业指导课程教学要求》（教高厅〔2007〕7号）指出：课程设置的目的就是提高毕业生的就业能力。从2008年起，提倡所有普通高校开设职业发展与就业指导公共课，要贯穿从入学到毕业的整个培养过程。

可作为必修课或选修课，建议不少于38学时。要引入多种教学方法，有效激发学生学习的主动性和参与性，投入经费和制定教学大纲。

课程名称设定为“职业发展与就业指导”，课程类型为通识教育类，学分定为2学分（32学时），通识学院与招生就业处协商授课和编写课程大纲。

5. 心理健康课

教育部办公厅《关于加强学生心理健康管理工作的通知》(教思政厅函〔2021〕10号)指出：高校要面向本专科生开设心理健康公共必修课。原则上应设置2个学分（32~36学时)。高校按师生比不低于1:4 000的比例配备心理健康教育专职教师且每校至少配备2名。

课程名称设定为“心理健康”，课程类型为通识教育类，课程性质设定为必修，学分定为2学分（32学时)，通识学院与学工处协商授课和编写课程大纲。

教育部关于就业—创业—心理类课程的学分规定列表见表10-5。

表10-5 教育部关于就业—创业—心理类课程的学分规定列表

序号	课程名称	规定学分	文件依据
1	创新创业教育	1（没明确）	国办发〔2015〕36号
2	职业发展与就业指导	2	教高厅〔2007〕7号
3	心理健康	2	教思政厅函〔2021〕10号
合计		5	

教育部关于三大通识教育课的学分规定见表10-6。

表10-6 教育部关于三大通识教育课的学分规定

序号	通识课大类名称	课程门数	规定学分
1	思政类	6	17.5
2	体美劳类	5	16
3	创就业心理类	3	5
合计		14	38.5

可以想象，方案设计的压力与困难有多大。

2.1.7 学科基础课

- 学科基础课是由基础课和专业基础课构成的课程，是专业课的理论基础和方法论。具有扎实的学科基础知识是成为专业人士的最主要标志。
- 学科基础课的特点：基础理论和科学方法特别突出。

2.1.8 自主课

- 自主课程是大学生根据自己的兴趣爱好、价值取向、职业规划等所组成的课程体系。

- 自主课程体系的设立是自主教育理念的充分体现。
- 自主学分应当主要通过社会途径获得，比如，各种证书或技能的获得。

获得自主课程学分的渠道与要求如下：

1）学术方面：署名为本校的、排名为前2位的、在核心及以上期刊上发表的与本专业相关的学术文章。

2）科研方面：署名为本校的、排名为前3位的、主持或参与校内外有立项批号的科研项目。

3）专业竞赛方面：参加省部级及以上的专业性比赛并获奖。

4）专业证书方面：获得与本专业有关的国家认证的资格证书。

5）专利方面……

6）学校认定的……

全校各专业将认定类别、有效条件和折算学分呈报教务处之后，由教务处组织专家审定并发布。

2.2 考核方式

- 考核方式有闭卷笔试、开卷笔试、专题报告、作品、大作业、答辩、随堂考试等多种方式。
- 原则上，学校对课程的考核方式不做统一规定。但是，无论是理论课，还是实践课？无论是必修课，还是选修课？无论是笔试，还是面试？都必须留足存档要件，以备评估查验。
- 从督查和评估的角度讲，我们提倡理论课、学科基础课以及部分考试课以闭卷笔试为主。

2.3 评分制度

- 评分有三种：2-5-100，即通过/不通过、五级制、百分制。
- 原则上，学校对课程的考核方式不做统一规定。
- 提倡理论课、学科基础课、考试课的考核采取百分制。

2.4 毕业实习与毕业论文

2.4.1 毕业实习

- 原则上，不安排集中毕业实习。
- 原则上，不得早于第7学期的12教学周（因有48学时课程）。建议毕业实习动员会与导师见面会同时举行，也就是同时落实导师；建议毕业实习答辩与毕业论文开题在第8学期初同步进行。

● 分散毕业实习的学时学分规定：60 人教学班，按照 2 个学分计算毕业实习工作量，按 4 周核算。分散实习的内容主要包括落实实习任务书、跟踪实习过程、评阅实习笔记、专题报告和实习报告、组织实习答辩和成绩录入。与大作业有很大的相似性。

● 集中实习是由导师带队，在企业或其他现场按照实习大纲所进行的实践活动，比如包括企业发展史、生产过程、工艺特点等内容的学习。一般上午由企业导师讲课，下午由带队教师讲课，晚间集体讨论。

2.4.2　毕业论文

1. 毕业设计（论文）的形式

● 国标规定有多种形式，包括案例分析，调研报告、创业模拟等，但教育部要求按照传统范式撰写论文，这个矛盾不好解决。

2. 毕业设计的学分、学时、学期规定

● 假设专业总学分为 160 学分，规定 10 学分。

● 毕业设计学时一般按周估算，比较复杂，各校不一。我校目前按 13 周估算。

● 一般毕业设计安排在第 8 学期完成（本学期不是严格意义上的学期，一般大约 13 个教学周就结束答辩了，后 3 周主要进行毕业教育、办理离校手续、托运行李等）。

为了提升毕业实习与毕设的融合度，减少教学管理环节，一般可以将毕业实习与毕业设计同步启动。比如，第 7 学期的 12 周以后合并举行“毕业实习动员暨导师见面会”。

毕业实习与毕业设计的学分、学时、学期设定及建议见表 10-7。

表 10-7　毕业实习与毕业设计的学分、学时、学期设定及建议

序号	课程名称	学分	学时	起止时间（参考）及备注
1	毕业实习	2	4 周	7 期 13 周后~8 期初
2	毕业论文	10	13 周	7 期 13 周后~8 期 14 周前
合计		12	17 周	1. 毕业实习动员暨导师见面会同步； 2. 在 8 期初，实习答辩与论文开题同步

毕业设计的经济性分析：假如是上课，本期本班的教学经费：20 分×16 时/分×100 元/时＝32 000 元/班；假如是作毕业设计，教学班按照 60 人计算，本期本班的指导经费（不算四项经费、材料费、调研费等）：60 生×8 000 元/生＝480 000 元/班；比较结果：本班毕业设计费用多增：48 000－32 000＝16 000 元/班。

2.5 学制—学年—学期—教学周—教学日的设定

设学分制，毕业年限为4个学年，每学年有2个学期，有20个学期周，其中有16个教学周，教学周有教学日5天。

2.6 学分与学时比

2.6.1 学分与国标学分中值

学分有专业总学分和课程学分之分。国标规定了专业总学分值域，比如说140~180学分，那么国标学分中值就是160。

2.6.2 核算学分与非核算学分

全国各高校一直面临着这样的困境且压力剧增：在以“专业”二字为基点和主线的专业人才培养思想指导下，如何做到专业总学分值既不出现选值溢出而违规，又不增大专业成本呢？为了解决这一矛盾，本书提出了非核算学分的概念。非核算学分是指列入教学计划但不计入工作量核算，又必须通过不同的课外活动、网络自学等方式完成的学分。

2.6.3 学时/学分比值

- 方案设定：16学时/学分。
- 方案设定：课程的最低学分为1，且为0.5的倍数关系。

2.6.4 教学均衡性参照值

按照160学分计算，有8个学期，则20学分/学期、1.25学分/教学周、0.25学分/教学日（4学时/教学日）。可以注意到，第8学期，属于毕业季，学时数相对较少。

学分/学期比值是衡量教学均衡性的参数。某校工商管理专业的核算学分设定为146，该专业的教学均衡性数据见表10-8。

表10-8 该专业的教学均衡性数据

	T1	T2	T3	T4	T5	T6	T7	T8	合计	占比
理论教学	19	18	18	17	16	18	5	1	109	75%
实践教学	3	3	2	6	4	4	2	10	37	25%
合计	22	21	20	23	20	22	7	11	146	100%

该专业从第7学期13周开始毕业实习并分配毕业设计导师，因此第7~8学期

学分较少属于正常现象，前6学期平均学分大约为21［（146−7−11）/6］。因此，1~6学期的学分/学期比值在20左右是合理的，没有大起大落，应当说该专业的教学均衡性不错，使得学习强度不会忽高忽低，教学资源保持均衡。

2.7 行政班与教学班设置

目前，我校是按照30名学生设置一个行政班，教学班是按照最低2个行政班设置的。教学班具体学生数与课程类型、工作量计算系数等因素有关。

2021年我校各专业行政班数据见表10-9。

表10-9 2021年我校各专业行政班数据表

学院	专业	本科	专科	总计	行政班数		总计
					本科	专科	
经管	金融	200	0	200	6	0	6
	工程	114	73	187	4	2	6
	工商	252	39	291	8	1	9
	财务	268	0	268	8	0	8
	物流	180	0	180	6	0	6
	旅游	54	0	54	2	0	2
	酒店	54	68	122	2	2	4
计科	计科	366	0	366	12	0	12
	软件	272	65	337	10	2	12
	物联网	129	58	187	4	2	6
	大数据	78	0	78	2	0	2
	电商	116	0	116	4	0	4
交通	信号	235	0	235	8	0	8
	运输	147	0	147	6	0	6
电子	电气	333	91	424	10	3	13
	人工智能	77	0	77	3	0	3
	自动化	142	41	183	4	1	5
土建	土木	250	57	307	8	2	10
	建环	54	0	54	2	0	2
	造价	143	0	143	4	0	4

续表

学院	专业	本科	专科	总计	行政班数		总计
					本科	专科	
机动	机械	224	48	272	8	2	10
	智造	56	0	56	2	0	2
	车辆	91	54	145	3	2	5
	能源	61	0	61	2	0	2
艺术	园林	69	0	69	2	0	2
	音乐	40	0	40	1	0	1
	视传	98	0	98	3	0	3
	环境	92	0	92	3	0	3
	数媒	59	0	59	2	0	2
外语	英语	289	0	289	10	0	10
	商英	114	0	114	4	0	4
化药	化工	109	4	113	4	0	4
	制药	83	0	83	3	0	3
合计		4 849	598	5 447	160	19	179

从数据得到的结论：

- 本科生行政班约 31 人/班，专接本生行政班约 32 人/班。
- 按照教学班最低人数估算，全校最多有 90 个教学班。

2.8 由谁来构建学科基础课程体系

各个专业在确立学科基础课程体系的时候，既要考虑基础课程，还要考虑专业基础课程。比如，动力工程专业的学科基础课既包括高等数学、线性代数、概率论、大学物理等基础课，又包括流体力学、传热学、工程热力学等专业基础课程。学科基础课程也可包括部分国标中规定的核心课程。该学科基础体系只有专业人士才能构建起来。

学科基础课与专业具有较大的关系。比如，高数、线代、概率等课程无疑是工科专业的理论基础课，但是对非工科专业就未必。因此，学科基础课程的选择权只能回归给专业专家。

第3章　教育理念

3.1　何谓教育理念?

“教育理念”尚无明晰的定义，但并未妨碍人们对其频繁使用。教育理念，即关于教育方法的观念，是教育主体在教学实践及教育思维活动中形成的对“教育应然”的理性认识和主观要求。

教育理念应当符合方案设计的指导思想，应与方案设计基本原则遥相呼应，在课程体系中充分体现。

3.2　方案设计体现的教育理念

3.2.1　全面发展的教育理念：培养什么人

培养德智体美劳全面发展的社会主义建设者和接班人。

3.2.2　自主教育理念

定义：丰富的个性发展是创造精神与创新能力的源泉，知识经济时代是一个创新的时代，它需要大批具有丰富而鲜明特性的个性化人才来支撑，因此它催生了个性化教育理念。自主教育是一种充分发挥生命个体发展性和主体性的教育理念。自主课程体系的设立正是该理念的充分体现。

理念特点：为每位学生的个性发展创造条件、搭建平台、营造环境。它更关注人的现实需要和未来发展，更注重开发和挖掘人自身的禀赋和潜能，更重视人自身的价值及其实现，并致力于培养人的自尊、自信、自爱、自立、自强意识，从而不断提高人的生存和发展能力。

3.2.3　开放教育理念

概念与内涵：科学技术的日新月异，信息的网络化，经济的全球化使世界日益成为一个更加紧密联系的有机整体，当今时代是一个空前开放的时代。传统的封闭式教育格局被打破，取而代之的是一种全方位开放式的新型教育，它包括教育观念和教育资源，等等。

教育思想的开放，是指要广泛吸取世界一切优秀的教育思想、理论与方法为我所用；教育方式的开放，是指教育要走国际化和社会化的道路，使教材内容变得开放、更具包容性与新颖性；教育资源的开放，是指充分利用一切传统的、现代的、现实的、虚拟的各种资源于教育活动中。

3.2.4 OBE 教育理念

需求导向教育理念，即 OBE（outcome based education）教育理念，是指一种以成果为目标导向，以学生为本，采用逆向思维的方式进行的课程体系的建设理念，是一种先进的教育理念。实际上就是面向输出的教育，是基于需求的，基于人才定位的具体中观指标的，还是回答培养什么样的人的问题，这个人应当是专业性的。OBE 又称为成果导向教育、能力导向教育、目标导向教育。

3.2.5 专业认证教育理念

2007 年，教育部印发了《全国工程教育专业认证试点办法》（教高厅〔2007〕5 号）。工程教育专业认证是指专业认证机构针对高等教育机构开设的工程类专业教育实施的专门性认证，旨在为相关工程技术人才进入工业界从业提供预备教育质量保证。这说明关于办学质量，越来越落实到专业层面来进行考核。

中国工程教育专业认证标准已经成为高等学校毕业要求，但是各个学校的指标数量和内涵不尽相同，且认证指标要与培养目标一致。

各个专业在对一级指标展开时，切忌生搬硬套，照本宣科。要依据本校“十四五”时期的事业发展规划、办学定位和人才培养目标，结合本校学生文化基础和学习能力展开。

3.3 理念体现在何处?

提出的教育理念应当在方案设计中充分体现并进行验证。表 10-10 是某校工商管理专业人才培养方案中理念验证部分的文稿举例。

表 10-10 某校工商管理专业人才培养方案中理念验证部分的文稿举例

序号	方案基本要求	体现之处	如何体现的?
1	充分体现全面发展总体要求	指导思想；培养目标；课程体系	坚持德智体美劳全面发展的教育方针；德智体美劳课程都有设置
2	符合校“十四五”时期事业发展规划要求	办学定位；人才定位	培养工程型专业人才
3	符合国标的专业人才培养要求	毕业要求；总学分要求；实践学分比重	充分体现国标规定的知识、能力、素质三大要求；专业总学分、实践学分符合规定
4	体现现代教育理念	指导思想；课程设置；课程配置表	体现 OBE 教育理念、自主教育理念、开放教育理念

续表

序号	方案基本要求	体现之处	如何体现的?
5	符合本科合格评估的要求	对照本科合格评估指标体系	没有冲突、都达标
6	……		

第4章 方案设计涉及的前端基点

4.1 何谓专业人才?

专业人才是指具有一门特定专业技术，受到权威部门对其专业技能认证，并对机构、企业、社会的发展作出贡献的人。

按照方案培养出来的人才应该是专业性的人才，因此要有专业性、领域性的理论与技能。

4.2 从国家的视角看，培养什么人?

党和国家关于人才培养的总体要求：培养德智体美劳全面发展的社会主义建设者和接班人。

4.3 从专业的视角看，培养什么样的人?

国标中指出专业人才着重体现在以下三个方面。

A. 知识传授方面，包括通识性、基础性和专业性三大类知识；

B. 能力提升方面，包括知识获取、知识应用、知识创新；

C. 素质教育方面，包括世界观教育、专业文化教育、身心健康教育等。

4.4 何谓专业人才培养?

专业人才培养是指对专业人才进行教育、培训的过程。被选拔的人才一般都需经过培养训练，才能成为符合各种职业和岗位要求的专业人才。

4.5 专业人才培养的本质是什么?

2022年4月25日，习近平在中国人民大学考察时明确指出：“为谁培养人？培养什么人？怎样培养人？”始终是教育的根本问题。

任何高校的专业人才培养的本质是回答和解决两大问题：培养什么人？培养什么样的人？前一个问题是宏观问题，后一个问题是微观问题。

4.6 何谓专业人才培养方案?

在教育领域，方案是学校落实党和国家关于人才培养总体要求，组织开展教学活动、安排教学任务的规范性文件，是实施人才培养和开展质量评价的基本依据。

方案应当体现专业教学标准规定的各要素和主要培养环节的要求，包括专业名称及代码、培养目标、毕业要求、培养规格、课程设置、学分学时学期安排等内容，并附教学进程安排表等。

4.7 何谓办学定位?

我们熟知的手机定位，是指你的时空确定点。办学定位不仅是一个“时空+方位”的概念，还包含层次和方向的含义。我们的办学定位是在一个特定的时代，局限于特定的地域，基于教育资源条件的办学层次和培养方向的描述。办学定位需要经过长时间才能得到社会认同，不应只是自己的认识。

办学定位的分类：办学定位分为研究型、教学型、教研型；也可按“985”、“211”、“双一流”、普本来分类。

如何认识“应用型”?“应用型”是一个比较宽泛的概念，难道我们培养的专业人才不是要服务国家与社会吗？学到的知识不是为了应用到实际工作当中去吗?

4.8 何谓人才定位?

4.8.1 人才定位的选择

按照国际上的分法，普遍认为培养出来的人才分为：学术型人才（理论型、科学型)、工程型人才、技能型人才，这是按照社会功能划分的专业人才类型（来自 X 校)。人才类型的培养与接受相应教育的分析表见表 10-11。

表 10-11 人才类型的培养与接受相应教育的分析表

人才类型	定义	智能结构特征	相应学历层次	相应课程类型
学术型	发现和研究客观规律的人才	基础理论深厚，研究能力强	大学本科及以上	以基础、学科和专业的基础理论与方法为主
工程型	把科学原理与方法演变为工程或产品的设计、规划或运行决策，主要从事有关设计、规划工作	较好的理论基础，较强的应用知识解决实际问题的能力	大学专科层次及以上	在掌握学科基础理论与方法的基础上，系统学习专业课和工具课

续表

人才类型	定义	智能结构特征	相应学历层次	相应课程类型
技能型	各种技艺操作型的技术工人，主要从事依赖操作技能方面的工作	强调工作实践的熟练程度	以中等职业教育为主，向大专延伸	职业岗位课程，获取相应职业资格证书

我校人才定位的再认识：我校应以培养工程型或工程技能型人才为主。这种叫法主要是面向工科来说的，面向文科未必合适。

4.8.2 工程型人才的验证标准

工程型人才的最基本要求，也就是要回答以下问题。

(1) 你能看懂读懂专业性的资料、图纸、方案吗？看懂读懂的程度如何？这与专业基础知识的完整性和扎实度有关。如果单位引进了新设备，那么你就必须读懂外文使用手册，你就必须有扎实的外语知识；如果你加工工件，那么你就必须看得懂加工图纸，你就必须有扎实的机械制图等相关知识。

(2) 使用专业工具，你的手能做什么？做到什么程度？你可能要对本单位财务状况进行分析，那么你就必须掌握诸如金蝶等财务软件工具，并做出财务现状与成因分析的报告；你可能要开发产品，那么你就必须掌握诸如 CAD 等设计软件工具，并绘制出产品图纸。

(3) 你的嘴能说什么？说到什么程度？现代工程是一种知识交叉性的工程，需要多学科人才协同作业，故专业性的表达与沟通能力、融合力等十分重要。作为一个专业人士，你必须做到目的明确、思路清晰、表达逻辑、方法得当。企业产品战略的制订涉及人财物等多个学科、多部门人士参与。如果你是一个财务管理专业人士，你可能要说清楚该产品的固定成本和变动成本是多少，那么你就必须使用计算模型、工具、图表、数据、实证，还可能要求你用 PPT 讲解，你要能专业地、逻辑地、流利地说清楚产品的总成本、固定成本和变动成本以及对策建议。

这三个方面，我认为是最基本的，也是不可或缺的。

4.9 人才定位对方案设计的指导作用

假如我校培养出来的专业人才是工程型人才，那么专业人才培养的内容与过程必将与之呼应。这本身就说明了人才定位对方案的指导性作用及其之间的关系。人才定位是方案的顶层设计，是摘要之摘要。设计方案是基于人才定位展开的。

第5章　指导思想

5.1　相关概念

5.1.1　何谓方案?

方案是从目的、要求、方式、方法、进度等方面部署具体、周密，并有可操作性的计划。

5.1.2　何为指导思想?

指导思想就是在做某项实践活动时，人脑中占有压倒优势的想法，该想法具有层次高、方向明、先导性的特点，人进行此项活动时将依照此想法去进行。

5.2　方案的指导思想（高层思想—现代理念—人才目标）

落实党和国家提出的“立德树人”根本任务，坚持德智体美劳全面发展的教育方针，遵循高等教育的发展规律，以教育部《普通高等学校本科专业类教学质量国家标准》为基石，以学校办学定位和人才定位为准绳，坚持开放办学，坚守OBE理念、专业认证理念、自主教育理念，基于学科体系规范，搭建宽口径、厚基础、重能力、求创新的专业模式，构建由通识教育、学科基础教育、专业教育和自主教育四大类教育模块所构成的知识体系，力求方案更具有先进性、开放性、规范性和科学性，着力培养具有时代特点、工程特征、本校特色的学分制本科人才教育体系。

第6章　基本原则

6.1　何为基本原则?

原则是经过长期经验总结所得出的合理化规则。基本原则，是指从总体上、大体上所强调的说话或行事所依据的法则或标准。

指导思想、教育理念、基本原则之间的关系：指导思想属于战略层面，教育理念属于战术层面，基本原则属于作战层面。指导思想是统帅，教育理念是观点，基本原则是规范。三者之间不仅存在着逐步展开的时序关系，而且还存在着必然的呼应关系。

6.2　方案设计坚持的基本原则（也是特点）

6.2.1　突出学科理念的原则

例如，本次将学科基础课程独立出来了，下一步还要将学科门类课、基础理论课统计出来，按照学科将课程归队。

这有利于今后学科建设，有利于课程归属问题的解决，有利于教考分离和提升课程教学质量。

6.2.2　注重依据性、规范性、科学性的原则

比如，依据国标等国家文件精神。

课程分为通识、学科、专业、自主四大类课程，更加规范。原方案将数学、物理等基础课程划归了通识教育课程体系，新方案更体现“通识”二字的内涵，把基础课从其中剥离出来了。

在编制过程中采用了大量的图表工具，加大了过程分析力度。

6.2.3　实行专业负责制的原则

方案培养出来的人才是专业性的人才，不是“杂牌军”。方案中的课程体系主要以学科基础课和专业课为主。

赋予了专业更大的自主权。专业性很强的事情，就应交给专业人士办。比如，除通识教育课程全校统管之外，其余课程回归专业。

大学生自主学分鼓励通过社会渠道获得，可能由证书、学术文章、科研参与等活动构成。活动结束后，专业要各自认证、评分，要有证件或附件，而且是多年多项完成的；专业负责人要按人、按时、按质、按量一次性上交存档、登录成绩，如同一门课一样进行管理。

6.2.4　坚持专业型人才主线设计的原则

方案是专业型人才的培养方案，不是专业建设方案。要紧紧围绕着“专业”二字来谈人才的标准是什么，如何才能达到这样的标准。

6.2.5　融合具有时代特色的教育理念的原则

比如，OBE 教育理念、专业认证教育理念、开放的理念、以学生为本的理念。

融合交叉知识，创新集成课程。有些主题很受学生欢迎，但是讲授学时却很少，无法达到开课的最低学时要求。如何解决这个问题？我们可以把主题相关的内容融合在一起，形成一门具有相近知识或交叉知识的新课程，并达到开课学时。该课程可以由多位教师授课，统一考试。这种集成课程有利于满足大学生的个性化要求。

将产业学院、企业合作、合作导师等要求融合到方案之中。

6.2.6　继承与发展的原则

2019 年编制的专业人才培养方案已经使用几年了。该方案经过了多所学校的

调研，专家的多次论证，经过实践证明原方案总体不错。我们不能妄自菲薄，不能否定一切，不能搞一刀切，更不能搞“面子工程”。我们要实事求是，该保留的就要保留，能用的就是要用，而不是全盘否定重来。这既有利于教学的稳定性，也是一种科学态度。

在发展方面，我们可以与未来技术、未来社会相结合。摘掉“北京交通大学”之冠后，如何调整专业人才培养目标？在优势学科、特色、优良资源等方面如何强化？都是需要我们思考的，都是需要我们在方案中有所体现的。

6.2.7 统一与灵活的原则

国标是方案设计的最主要依据，是最低标准、基础标准、刚性标准，我们要认真细致地领会和贯彻。国标中有规定的，必须按照国标标准去做。

该统一的就得统一，该规定的就得规定，否则方案无法进行设计。比如，德智体美劳都必须有所体现；比如说，通识课的学分、学时、学期分布、教学均衡性、课程代码、理论教学与实践教学的学分比例；再如，通识课、学科基础课、专业课、自主课的参考比重、毕业设计、毕业实习的学分及其起始时间等。

方案是培养专业人才的方案，因此许多工作要放给专业去做，学校层面不要包揽过多。各个专业也要给学生一定的选择空间，使方案更有生机，更具多样化，更利于人才培养。

6.2.8 基于自主教育理念的多样性的原则

自主学分主要通过社会性的渠道来获得，不再以校内听课为主。

不仅设置了非核算自主学分，同时，在通识教育课、专业课中也都增加了一些选修课。

考虑学生个体所处的社会条件不同、专业基础不同、兴趣爱好不同、职业取向不同，因此，赋予了个体更多的自主选择权。重视培养和发挥学生的学习主动性，尊重学生的个性发展，培养学生自主选择能力。

第7章 设计基础：规则、规定、总学分、学分结构

7.1 样本院校的通识教育课程设置情况

通识教育课程是课程体系设计的基础和先导，样本院校通识课学分/分期数据表见表10-12。

表 10–12 样本院校通识课学分/学期数据表

课类	课性	课程名称	哈工程	江苏科大	中石油大	大连海事	哈理工	海滨学院	建议
通识教育课	必修	道德修养与法律基础	3/1	3/1	3/2		3/1	3/1	3/1
		中国近现代史纲要	3/2	3/2	3/1		3/3	3/2	3/2
		马概	3/3	3/2	3/4		3/2	3/3	3/3
		毛概	5/4	5/3-4	5/3	5/3	5/5	5/4	5/4
		习概	1/5			2/5	1/6	?	1. 5/5
		形势与政策	2/2-4	2/1-8	2/1-8	2/1-8	1/1-6	1/1-8	2/1-8
		军事理论	2/2	2/1	2/1		1/1	1/2	2/1
		军事技能	2/1	2/1	2/s1			2/2	2/1
		体育	3/1-6	4/1-4	4/1-4	2/1-2	2/1-4	2/1-2	9/1-4
		美育教育						0	1/3
		劳动教育						2/2	2/2-3
		创新创业教育	1/6	1/7	2/6	2/6	2/5	1/2	1/6
		职业发展与就业指导		1/3	1/4	0. 5/6	2/3	1/6	1/6
		心理健康	1/1	1/1			1/1		2/1
	选X分	大学外语（综合英语）	7/1-4	8/1-4	10/1-4	8/1-4	8. 5/1-3	12/1-3	8/1-4
		计算机基础		1. 5/1	1. 5/2		2/1	3/1	2/1
		文献检索			0. 5/8			0. 5/7	0. 5/7
学科	必修	……							
专业	必修	……							
	选修	……							
自主	必修	……							
实习毕设	必修	毕业实习	4/8	4/8	4/s3	2/8	4/7-8	2/7	2/7
		毕设	12/8	12/8	12/8	10/8	12/8	10/8	10/8

从规定学分看，样本院校基本执行了教育部文件规定，但是不完全。据此，最右列是我校相应课程学分/学期的初步设想。

综合英语（听说读写）不超过8学分，且安排在1~4学期。

7.2 新方案专业总学分设定

7.2.1 国标值阈和原方案取值对比：设定标准值为160学分（见表10-13）

表10-13 国标值阈和原方案取值对比

学院	学科门类代码及名称	一级学科代码及名称	二级学科代码及名称	国标下限	国标上限	原方案值	标准差	国标中值
经管7	02 经济	0203 金融学	020302 金融工程	155	165	160	0	160
	12 管理	1201 管理科学与工程	120103 工程管理	150	170	160	0	160
		1202 工商管理	120201K 工商管理	140	160	160	0	150
		1206 物流管理与工程	120204 财务管理	140	160	160	0	150
		1209 旅游管理	120601 物流管理	140	170	160	0	155
			120901K 旅游管理	140	160	160	0	150
			120902 酒店管理	140	160	160	0	150
计科5	08 工学	0809 计算机	080901 计算机科学与技术	140	180	179.5	-19.5	160
			080902 软件工程	140	180	180	-20	160
			080905 物联网工程	140	180	180	-20	160
			080910T 数据科学与大数据技术			178.5	-18.5	160
	12 管理	1208 电子商务	120801 电子商务	140	180	180	-20	160
轨道2	08 工学	0808 自动化	080802K 轨道交通信号与控制	140	180	175	-15	160
		0818 交通运输	081801 交通运输	140	180	175.5	-15.5	160
电子3	08 工学	0806 电气	080601 电气工程及其自动化	140	190	182	-22	165
		0807 电子信息	080717T 人工智能			175	-15	160
		0808 自动化	080801 自动化	140	180	177	-17	160

续表

<table>
<tr><th>学院</th><th>学科门类代码及名称</th><th>一级学科代码及名称</th><th>二级学科代码及名称</th><th>国标下限</th><th>国标上限</th><th>原方案值</th><th>标准差</th><th>国标中值</th></tr>
<tr><td rowspan="3">土木3</td><td rowspan="2">08 工学</td><td rowspan="2">0810 土木</td><td>081001 土木工程</td><td>160</td><td>180</td><td>180</td><td>−20</td><td>170</td></tr>
<tr><td>081002 建筑环境与能源应用工程</td><td>140</td><td>180</td><td>180</td><td>−20</td><td>160</td></tr>
<tr><td>12 管理</td><td>1201 管理科学与工程</td><td>120105 工程造价</td><td>150</td><td>170</td><td>180</td><td>−20</td><td>160</td></tr>
<tr><td rowspan="4">机动5</td><td rowspan="4">08 工学</td><td rowspan="3">0802 机械</td><td>080201 机械工程</td><td>150</td><td>190</td><td>180</td><td>−20</td><td>170</td></tr>
<tr><td>080221T 智能制造工程</td><td></td><td></td><td>180</td><td>−20</td><td>170</td></tr>
<tr><td>080207 车辆工程</td><td>150</td><td>190</td><td>180</td><td>−20</td><td>170</td></tr>
<tr><td>0805 能源动力</td><td>080501 能源与动力工程</td><td>140</td><td>180</td><td>180</td><td>−20</td><td>160</td></tr>
<tr><td rowspan="5">艺术5</td><td>08 工学</td><td>0828 建筑</td><td>082803 风景园林</td><td>140</td><td>180</td><td>165</td><td>−5</td><td>160</td></tr>
<tr><td rowspan="4">13 艺术</td><td>1302 音乐与舞蹈</td><td>130202 音乐学</td><td>145</td><td>155</td><td>150</td><td>10</td><td>150</td></tr>
<tr><td rowspan="3">1305 设计</td><td>130502 视觉传达设计</td><td>140</td><td>160</td><td>165</td><td>−5</td><td>150</td></tr>
<tr><td>130503 环境设计</td><td>140</td><td>160</td><td>165</td><td>−5</td><td>150</td></tr>
<tr><td>130508 数字媒体艺术</td><td>140</td><td>160</td><td>170</td><td>−10</td><td>150</td></tr>
<tr><td rowspan="2">外语2</td><td rowspan="2">05 文学</td><td rowspan="2">0502 外国语言文学</td><td>050201 英语</td><td>150</td><td>180</td><td>170</td><td>−10</td><td>165</td></tr>
<tr><td>050226 商务英语</td><td>150</td><td>180</td><td>171</td><td>−11</td><td>165</td></tr>
<tr><td rowspan="2">化药4</td><td rowspan="2">08 工学</td><td rowspan="2">0813 化工与制药</td><td>081301 化学工程与工艺</td><td>140</td><td>180</td><td>180</td><td>−20</td><td>160</td></tr>
<tr><td>081302 制药工程</td><td>140</td><td>190</td><td>176</td><td>−16</td><td>165</td></tr>
<tr><td>37</td><td>门类 5</td><td>一级学科 23</td><td>专业 37−4=33 在招</td><td></td><td></td><td>P172</td><td>−396</td><td>P161</td></tr>
</table>

基于表中数据的分析结论：

国标中值 161 学分/专业；样本院校基本都是取中值偏下，我校原方案中偏上+，为 172 学分/专业。

以 160 学分为参照值，专业超值 12 分/专业；33 个专业共超出学分数合计为 396 分（即一届学生）。

7.2.2 专业总学分的设定值

三大通识类课程的核算学分设置如表 10-14 所示。

表 10-14 三大通识类课程的核算学分设置

<table>
<tr><th>序号</th><th>通识课大类名称</th><th>课程门数</th><th>规定学分</th><th>核算学分</th><th>非核算学分</th></tr>
<tr><td>1</td><td>思政类</td><td>6</td><td>17.5</td><td>12</td><td>5.5</td></tr>
<tr><td>2</td><td>体美劳类</td><td>5</td><td>16</td><td>9</td><td>7</td></tr>
<tr><td>3</td><td>创就业心理类</td><td>3</td><td>5</td><td>3</td><td>2</td></tr>
<tr><td colspan="2">合计</td><td>14 门</td><td>38.5</td><td>24</td><td>14.5</td></tr>
</table>

表 10-15 是某校工商管理专业三大类课程的核算学分举例，该专业总核算学分为 147。

表 10-15 某校工商管理专业三大类课程的核算学分举例

<table>
<tr><th></th><th>通识教育课 40 学分</th><th>学科基础课 41 学分</th><th>专业课 66 学分</th><th>横向合计</th></tr>
<tr><td>必修学分</td><td>32/40=80%</td><td>41/41=100%</td><td>42/66=64%</td><td rowspan="2">147</td></tr>
<tr><td>选修学分</td><td>8/40=20%</td><td>0</td><td>24/66=36%</td></tr>
<tr><td>理论学分</td><td>33/40=72%</td><td>39/41=95%</td><td>36/66=54%</td><td rowspan="2">147</td></tr>
<tr><td>实践学分</td><td>7/40=18%</td><td>2/41=5%</td><td>30/66=46%</td></tr>
</table>

方案设定：原则上，专业总核算学分不超过国标中值且无小数点，总学分不超过国标上限值。

总学分=核算学分+非核算学分（不含自主学分），即总学分=核算学分+14.5。举例，某专业国标规定值阈为 140~180 学分，核算学分为中值 160，则总学分=160+14.5=174.5，压力测试正常。

教育部要求 14 门通识课累计学分为 38.5，占总学分比 38.5/160=24%。核算学分压力缓解措施：①通识课 14.5 分列入非核算学分；②自主课 5~10 分按照非核算学分、实践教学、必修课处理，并不计入总学分。

7.2.3 基本理由

核算学分取中值不违规。专业总学分需要设限，否则方案的规范性难以实现，也是很多学校的通用做法。

从样本院校看，专业总学分处于中值偏下。

从自身看，我校原方案中专业总学分处于中值偏上。

第8章 方案的章节结构

8.1 结构框架特点

方案章节结构设计借鉴了样本院校的经验，注重了层次性、逻辑性、呼应性、务实性和科学性。

8.2 章节结构框架表（见表10-16）

表10-16 章节结构框架表

一级标题	二级标题
Part1. 培养目标	1.1 人才定位
	1.2 培养目标
Part2. 毕业要求	2.1 知识结构要求
	2.2 能力结构要求
	2.3 素质结构要求
Part3. 培养目标、毕业要求、课程三者之间的支撑关系	3.1 毕业要求对培养目标的支撑矩阵表
	3.2 毕业要求的指标分解：二级指标
	3.3 专业课程对毕业要求二级指标的支撑矩阵
Part4. 主干学科与学科基础	4.1 主干学科
	4.2 学科基础课程
	4.3 专业核心课程及特色课程
	4.4 主要实践教学环节
Part5. 标准学制、毕业学分及授予学位	5.1 标准学制
	5.2 毕业学分
	5.3 授予学位
Part6. 课程体系设计	6.1 通识教育类
	6.2 学科基础类
	6.3 专业类
	6.4 自主类
	6.5 课程体系全息表
Part7. 新方案设计对标及分析	7.1 基本要求对照表

续表

一级标题	二级标题
Part7. 新方案设计对标及分析	7.2 基于 OBE 的专业课程配置图
	7.3 教学均衡性
	7.4 实际学分结构分析
Part8. 课程执行计划	(后补)

第 9 章　对框架内容的详解与要求

在 Part 层面全校要求一致，在二级及其以下标题可以结合专业特点自行发挥。

Part 1　培养目标

1.1　人才定位

是人才定位，不是专业定位。

如果设置了专业方向，则在此说明。

1.2　培养目标

不是专业的建设目标，而是专业人才的培养目标。要从专业的角度，重点说明学科的理论与方法，专业知识与技能手段。

培养目标采用指标进行描述，建议指标前给出 TOP 语句。最好给出程度性表述。表 10-17 是某校工商管理专业的拟达目标表。

表 10-17　某校工商管理专业的拟达目标表

类别	目标
1. 在通识、学科、专业三大知识获取方面	1.1 充分了解哲学、社会学、心理学等方面的通识知识
	1.2 熟练掌握数学、统计学、经济学等学科基础理论与方法
	1.3 系统掌握管理学、会计学、组织行为学等专业理论与技能
2. 基于专业知识成事能力方面	2.1 具有初级的运用科学方法获取和整合专业知识的能力
	2.2 具备中级的运用科学方法与工具分析和解决专业问题的能力
	2.3 具有较强的在企事业单位从事管理与服务的能力
3. 政治素质和专业素养方面	3.1 具有强烈的政治意识和家国情怀
	3.2 自觉遵纪守法，坚守职业规范
	3.3 能有效表达与沟通，具备团队协作能力

Part 2 毕业要求

从专业角度谈毕业要求，是基于培养目标、与之相呼应的、必要的要求。

知识、能力、素质三个方面的毕业要求是国标明确提出的简单实用标准，但在具体的指标展开时，样本不一，可多可少。下面是两个样本院校工商管理专业的毕业要求指标体系，可以看出一级指标按照国标的，二级指标不尽相同。

部分样本院校的毕业要求指标表见表 10-18。

表 10-18 部分样本院校的毕业要求指标表

一级指标	序号	二级指标	江苏科大 12 项	中油大学 12 项
2.1 知识结构要求	01	基础知识	✓	✓
	02	专业知识	✓	✓
	03	知识获取	✓	
	04	工具掌握	✓	✓
2.2 能力结构要求	05	专业应用	✓	
	06	分析能力		✓
	07	设计能力		✓
	08	科研能力	✓	
2.3 素质结构要求	09	沟通能力	✓	✓
	10	团队精神		✓
	11	身心健康	✓	✓
	12	终身学习		✓
	13	家国文化	✓	
	14	社会责任		✓
	15	遵纪守法	✓	
	16	职业道德	✓	✓

我校的毕业要求指标表由各专业自行设计，但要符合以下三个要求。

2.1 知识结构要求

2.1.1 学科基础知识（基础理论和专业基础知识）

2.1.2 专业知识

2.1.3 工具性知识

2.2 能力结构要求

2.2.1 知识获取能力

2.2.2 知识应用能力

2.2.3 社会融合能力

2.3 素质结构要求

2.3.1 政治素质

2.3.2 专业素质

2.3.3 职业素质

Part 3 培养目标、毕业要求、课程三者之间的支撑关系

3.1 毕业要求对培养目标的支撑矩阵

表10-19是某校工商管理专业的毕业要求对培养目标的支撑矩阵，即二维关系。仅供参考。

表10-19 某校工商管理专业的毕业要求对培养目标的支撑矩阵

毕业要求	培养目标		
	培养目标1	培养目标2	培养目标3
毕业要求1：学科基础知识	√		√
毕业要求2：专业知识	√		
毕业要求3：通识性知识	√		√
毕业要求4：知识获取能力		√	
毕业要求5：知识应用能力		√	
毕业要求6：创新创业能力		√	√
毕业要求7：思想道德素质	√		√
毕业要求8：专业素质	√	√	
毕业要求9：文化素质			√
毕业要求10：身心素质			

3.2 毕业要求展开的指标点（二级指标）

表10-20是某校机械制造专业的一级指标展开后的二级指标。注意到，各学校各专业的一级指标有多有少，有的12条，有的6条，等等，但是无论如何，还是要基于国标的知识、能力、素质三个要求进行展开的。

表10-20 某校机械制造专业的一级指标展开后的二级指标

毕业要求	一级指标	二级指标
知识结构要求	1. 工程知识	1.1 能将数学、自然科学、工程科学的语言工具用于工程问题的表述，针对机械工程领域的具体对象建立数学模型并求解
		1.2 能够将机械设计、机械制造、机电控制等专业知识和数学模型方法用于推演、分析机械工程领域的工程问题，对解决方案进行比较与综合
	2. 问题分析	2.1 能运用相关科学原理和数学模型方法，识别和判断机械工程领域复杂工程问题的关键环节，正确表达机械工程领域复杂工程问题
		2.2 能运用基本原理，借助文献研究，分析过程的影响因素，认识到解决问题有多种方案可选择，寻求可替代的解决方案并获得有效结论
	3. 设计/开发解决方案	3.1 掌握机械工程领域工程设计和产品开发全周期、全流程的基本设计/开发方法和技术，了解影响设计目标和技术方案的各种因素
		3.2 能够针对特定需求，完成机械单元（部件）的设计及机械系统或工艺流程设计，在设计中体现创新意识，并在设计中能够考虑安全、健康、法律、文化及环境等制约因素
	4. 研究	4.1 能够基于科学原理，通过文献研究或相关方法，调研和分析机械工程领域复杂工程问题的解决方案
		4.2 能够根据对象特征，选择研究路线，设计实验方案，构建实验系统，安全地开展实验，正确地采集实验数据
		4.3 能对实验结果进行分析和解释，并通过信息综合得到合理有效的结论
能力结构要求	5. 使用现代工具	5.1 了解机械工程领域常用的现代仪器、信息技术工具、工程工具和模拟软件的使用原理和方法，并理解其局限性
		5.2 能够选择与使用恰当的仪器、信息资源、工程工具和专业模拟软件，对复杂工程问题进行分析、计算与设计
		5.3 能够针对机械工程领域的具体对象，开发或选用满足特定需求的现代工具，模拟和预测专业问题，并能够分析其局限性
	6. 工程与社会	6.1 了解机械工程领域相关的技术标准体系、知识产权、产业政策和法律法规，理解不同社会文化对工程活动的影响
		6.2 能分析和评价专业工程实践对社会、健康、安全、法律、文化的影响，以及这些制约因素对项目实施的影响，并理解应承担的责任

续表

<table>
<tr><th>毕业要求</th><th>一级指标</th><th>二级指标</th></tr>
<tr><td rowspan="4">能力结构要求</td><td rowspan="2">7. 项目管理</td><td>7.1 掌握机械工程项目中涉及的管理与经济决策方法，了解机械工程及产品全周期、全流程的成本构成，理解其中涉及的工程管理与经济决策问题</td></tr>
<tr><td>7.2 能在多学科环境下（包括模拟环境），在设计开发解决方案的过程中，运用工程管理与经济决策方法</td></tr>
<tr><td rowspan="2">8. 终身学习</td><td>8.1 能在社会发展的大背景下，认识到自主和终身学习的必要性</td></tr>
<tr><td>8.2 具有自主学习的能力，包括对技术问题的理解能力，归纳总结的能力和提出问题的能力等</td></tr>
<tr><td rowspan="8">素质结构要求</td><td rowspan="2">9. 环境和可持续发展</td><td>9.1 知晓和理解环境保护和可持续发展的理念和内涵</td></tr>
<tr><td>9.2 能够站在环境保护和可持续发展的角度思考机械工程领域工程实践的可持续性，评价产品周期中可能对人类和环境造成的损害和隐患</td></tr>
<tr><td rowspan="2">10. 职业规范</td><td>10.1 有正确价值观，理解个人与社会的关系，了解中国国情</td></tr>
<tr><td>10.2 理解诚实公正、诚信守则的工程职业道德和规范，并能在工程实践中自觉遵守，理解机械工程师对公众的安全、健康和福祉，以及环境保护的社会责任，能够在工程实践中自觉履行责任</td></tr>
<tr><td rowspan="2">11. 个人和团队</td><td>11.1 能与其他学科的成员有效沟通，合作共事</td></tr>
<tr><td>11.2 能够组织、协调和指挥团队开展工作，在团队中独立或合作开展工作</td></tr>
<tr><td rowspan="2">12. 沟通</td><td>12.1 能就机械工程领域的专业问题，以口头、文稿、图表等方式，准确表达自己的观点，回应质疑，理解与业界同行和社会公众交流的差异性</td></tr>
<tr><td>12.2 了解机械工程领域的国际发展趋势、研究热点，理解和尊重世界不同文化的差异性和多样性，具备跨文化交流的语言和书面表达能力，能就机械工程领域的专业问题，在跨文化背景下进行基本沟通和交流</td></tr>
</table>

3.3 课程对毕业要求二级指标的支撑矩阵

以课程为行，以二级指标为列，绘制课程与指标之间的关系二维表，即支撑矩阵。表10-21是某校工商管理专业课程对毕业要求二级指标的支撑矩阵举例，仅供参考。

表 10-21 某校工商管理专业课程对毕业要求二级指标的支撑矩阵表

课程名称	要求 1		要求 2		要求 3		要求 4		要求 5		要求 6		要求 7		要求 8		要求 9		要求 10	
	1.1	1.2	2.1	2.2	3.1	3.2	4.1	4.2	5.1	5.2	6.1	6.2	7.1	7.2	8.1	8.2	9.1	9.2	10.1	10.2
思修（注 1）					√								√	√						
近代史（注 2）					√								√	√						
马原（注 3）					√								√	√						
毛概（注 4）					√								√							
习概（注 5）					√								√	√						
形势与政策					√								√	√						
综合英语											√							√		
体育																			√	
军事理论																				
美育教育																	√			
职业与就业（注 6）															√					

续表

课程名称	要求1		要求2		要求3		要求4		要求5		要求6		要求7		要求8		要求9		要求10	
	1.1	1.2	2.1	2.2	3.1	3.2	4.1	4.2	5.1	5.2	6.1	6.2	7.1	7.2	8.1	8.2	9.1	9.2	10.1	10.2
心理健康教育																				√
计算机基础	√				√															
文献检索							√													
创新创业概论												√								
微积分	√																			
线性代数	√																			

注1：思想道德修养与法治；

注2：中国近现代史纲要；

注3：马克思主义基本原理概论；

注4：毛泽东思想和中国特色社会主义理论体系概论；

注5：习近平新时代中国特色社会主义思想概论；

注6：职业发展与就业指导。

Part 4 主干学科与学科基础课程

4.1 主干学科

主干学科不限于本专业所属的一级学科，还包括与本专业紧密相关的其他一级学科。

4.2 学科基础课程

学科基础课程包括理论基础课程和专业基础课程。

4.3 专业核心课程及特色课程

专业核心课程请参照国标。

特色课程要实事求是，特色实践课程或环节都可以列出。

4.4 主要实践教学环节

包括实验、上机、实训、小学期实践、社会调查，课程设计、毕业实习、毕业论文等实践教学环节。

Part 5 标准学制、毕业学分及授予学位

5.1 标准学制

4年。

5.2 毕业学分

在规定的学习年限内，完成专业课程教学计划中规定的全部内容，修满要求的最低学分，经德智体美劳等方面审查合格后才准予毕业。

5.3 授予学位

满足《××大学学士学位授权工作实施细则》有关要求，授予××学士学位。

Part 6 课程体系设计及教学计划课程安排

6.1 通识教育类

学校层面负责通识教育类课程的学分学时学期设计。

6.2 学科基础类

学科基础类、专业类课程由各个专业设计。

6.3 专业类

6.4 自主类

自主类课程实行专业负责制，按照一门课进行管理，管理办法由教务处编写，同时编写模板。

6.5 三大学分建议与方案的全息表

6.5.1 通识—学科—专业类课程的核算学分比重参考建议

通识教育课总学分全校是统一设定的，共计 52.5 学分。其中核算学分为 40（其中 8 学分为选修），非核算学分为 12.5。

自主学分是学生自己通过社会渠道获得的，所以不计入总学分。我校初步确定自主学分为 10。

表 10-22 是某校工商管理专业（学校要求核算学分不超过国标中值 150 学分，且总学分不超过国标上限值 160 学分）的通识、学科、专业三大模块核算学分比重设计表，不同学科存在差异，仅供参考。

表 10-22　某校工商管理专业的通识、学科、专业三大模块核算学分比重设计表

	核算学分	非核算学分	横向统计
通识学分约 27%	40	14.5	54.5（统一）
学科学分 30%左右	43	0	43
专业学分 43%左右	63	0	63
纵计	146	14.5	160.5

可见，核算学分为 146，非核算学分为 14.5，总学分为 160.5。核算学分（146）没有超过国标中值 150，总学分（160.5）超过国标上限值 160 仅仅 0.5 学分，所以方案设计合规合理。

6.5.2 全息表：课程—学分—学时—学期安排

建议不要设计过于复杂的全息表，只需重点反映课程归属大类、课程性质、核算学分—学时—学期等主要信息。全息表示例见表 10-23。

表 10-23 全息表示例

<table>
<tr><th rowspan="2">课程大类</th><th rowspan="2">课程性质</th><th rowspan="2">课程代码</th><th rowspan="2">课程名称</th><th rowspan="2">核算学分</th><th rowspan="2">核算学时</th><th colspan="3">实践学时分配</th><th colspan="8">学时学期分配</th><th rowspan="2">非核算学分</th><th rowspan="2">总学分</th></tr>
<tr><th>实验</th><th>实习</th><th>其他</th><th>1</th><th>2</th><th>3</th><th>4</th><th>5</th><th>6</th><th>7</th><th>8</th></tr>
<tr><td rowspan="17">通识教育模块</td><td rowspan="15">必修</td><td></td><td>道德修养与法律基础</td><td>2</td><td>32</td><td></td><td></td><td></td><td>32</td><td></td><td></td><td></td><td></td><td></td><td></td><td></td><td>1</td><td>3</td></tr>
<tr><td></td><td>中国近现代史纲要</td><td>2</td><td>32</td><td></td><td></td><td></td><td></td><td>32</td><td></td><td></td><td></td><td></td><td></td><td></td><td>1</td><td>3</td></tr>
<tr><td></td><td>马概</td><td>2</td><td>32</td><td></td><td></td><td></td><td></td><td></td><td>32</td><td></td><td></td><td></td><td></td><td></td><td>1</td><td>3</td></tr>
<tr><td></td><td>毛概</td><td>4</td><td>64</td><td></td><td></td><td></td><td></td><td></td><td></td><td>64</td><td></td><td></td><td></td><td></td><td>1</td><td>5</td></tr>
<tr><td></td><td>习概</td><td>1</td><td>16</td><td></td><td></td><td></td><td></td><td></td><td></td><td></td><td>16</td><td></td><td></td><td></td><td>0.5</td><td>1.5</td></tr>
<tr><td></td><td>形势与政策</td><td>1</td><td>16</td><td></td><td></td><td></td><td>2</td><td>2</td><td>2</td><td>2</td><td>2</td><td>2</td><td>2</td><td>2</td><td>1</td><td>2</td></tr>
<tr><td></td><td>军事理论</td><td>1</td><td>16</td><td></td><td></td><td></td><td>16</td><td></td><td></td><td></td><td></td><td></td><td></td><td></td><td>1</td><td>2</td></tr>
<tr><td></td><td>军事技能</td><td>2</td><td>32</td><td></td><td></td><td>32</td><td>32</td><td></td><td></td><td></td><td></td><td></td><td></td><td></td><td>0</td><td>2</td></tr>
<tr><td></td><td>体育</td><td>4</td><td>64</td><td></td><td></td><td>64</td><td>16</td><td>16</td><td>16</td><td>16</td><td></td><td></td><td></td><td></td><td>5</td><td>9</td></tr>
<tr><td></td><td>美育教育</td><td>1</td><td>16</td><td></td><td></td><td></td><td></td><td></td><td>16</td><td></td><td></td><td></td><td></td><td></td><td>0</td><td>1</td></tr>
<tr><td></td><td>劳动教育</td><td>1</td><td>16</td><td></td><td></td><td></td><td></td><td>8</td><td>8</td><td></td><td></td><td></td><td></td><td></td><td>1</td><td>2</td></tr>
<tr><td></td><td>创新创业教育</td><td>1</td><td>16</td><td></td><td></td><td></td><td></td><td></td><td></td><td></td><td>16</td><td></td><td></td><td></td><td>0</td><td>1</td></tr>
<tr><td></td><td>职业发展与就业指导</td><td>1</td><td>16</td><td></td><td></td><td></td><td></td><td></td><td></td><td></td><td></td><td>16</td><td></td><td></td><td>1</td><td>2</td></tr>
<tr><td></td><td>心理健康</td><td>1</td><td>16</td><td></td><td></td><td></td><td>16</td><td></td><td></td><td></td><td></td><td></td><td></td><td></td><td>1</td><td>2</td></tr>
<tr><td></td><td>综合外语</td><td>8</td><td>128</td><td></td><td></td><td></td><td>32</td><td>32</td><td>32</td><td>32</td><td></td><td></td><td></td><td></td><td>0</td><td>8</td></tr>
<tr><td colspan="2">通识小计</td><td>15门</td><td>32</td><td>512</td><td></td><td></td><td>96</td><td>146</td><td>90</td><td>106</td><td>114</td><td>34</td><td>18</td><td>2</td><td>2</td><td>14.5</td><td>46.5</td></tr>
<tr><td rowspan="3">选足8</td><td></td><td>计算机基础</td><td></td><td></td><td></td><td></td><td></td><td></td><td></td><td></td><td></td><td></td><td></td><td></td><td></td><td>免修</td><td></td></tr>
<tr><td rowspan="4"></td><td></td><td>文献检索</td><td></td><td></td><td></td><td></td><td></td><td></td><td></td><td></td><td></td><td></td><td></td><td></td><td></td><td></td><td></td></tr>
<tr><td></td><td>……</td><td></td><td></td><td></td><td></td><td></td><td></td><td></td><td></td><td></td><td></td><td></td><td></td><td></td><td></td><td></td></tr>
<tr><td rowspan="2">学科</td><td rowspan="2">必修</td><td></td><td>高等数学A</td><td>8</td><td>128</td><td></td><td></td><td></td><td>64</td><td>64</td><td></td><td></td><td></td><td></td><td></td><td></td><td>0</td><td>8</td></tr>
<tr><td></td><td>……</td><td></td><td></td><td></td><td></td><td></td><td></td><td></td><td></td><td></td><td></td><td></td><td></td><td></td><td></td><td></td></tr>
</table>

续表

课程大类	课程性质	课程代码	课程名称	核算学分	核算学时	实践学时分配			学时学期分配								非核算学分	总学分
						实验	实习	其他	1	2	3	4	5	6	7	8		
专业	必选		……															
专业	选修		……															
自主	选修		证书获取等														10	10

跨院系、跨专业的课程，最多可设置 2 档学分。比如，高数 A=8 学分，高数 B=6 学分。

学时较大的通识教育课程尽量均衡分布在不同学期，以保证教学整体的均衡与稳定。

在德智体美劳教育体系中，除“智”之外的 4 项都应安排在通识教育体系里。

关于跨学期的考查课成绩管理，结课学期可以做一张成绩单，录入成绩并存档。

Part 7　对标检验与结构分析

方案设计之后，我们需要对照和自查，检验方案设计是否符合原有设想，是否达到了预定目标。

7.1　基本要求对照表

主要检查是否符合教育部关于人才培养的基本要求、是否符合国标有关专业的要求、是否符合本科合格评估的要求，等等。

7.2　基于 OBE 理念验证专业课程配置是否符合人才定位

验证专业课程配置是否符合人才定位是通过 OBE 理念逆向推导出来的。

该配置的特点：主要体现与专业相关的课程；反映课程的前后衔接关系；反映课程的跨学期情况。

由于该专业课程配置是面向专业人才的，因此，主要应体现与专业紧密相关的课程，其他课程的体现可以简化。某校工商管理专业基于 OBE 理念绘制的课程配置表见表 10-24。

表 10-24　某校工商管理专业基于 OBE 理念绘制的课程配置表

序	T1	T2	T3	T4	T5	T6	T7	T8	目标	指标
1	综合外语 1~4						专业外语		能看什么	能阅读专业外文
2	专业导论						文献检索			能读懂专业资料
3	计算机基础	数据库			MIS				能干什么	能使用现代信息技术
4	微积分、线代、概率 1~2		运筹学	统计学						能建立经济模型、分析经管问题
5	管理学		经济学		市场调查/运营管理	风险管理/战略管理				能分析公司的运营环境、识别经营风险、制定公司长期战略
6		会计学			财务管理类	会计电算化	税法			能读懂财务信息，能够做账
7			组织行为学	人力资源管理与实务		员工培训与开发	薪酬管理			能处理公司人事部门各项工作
8		专业认知		模拟公司创办		公司设计与运营分析	实习	毕设		能编写商业计划书，创办并运营企业
9			市场营销		营销渠道/新媒体营销	营销实务/广告学				能分析公司市场情况、开拓产品市场
10	思政课 1~5						经济法		有合力	政治意识强，身心健康，遵纪守法，表达沟通流畅，有团队协作精神
	体育 1~4									
	心理教育/表达与沟通	劳育	美育		创业创业	就业指导				

7.3　教学均衡性分析

请详见2.6.4节。

7.4　通识、学科、专业课核算学分结构分析

- 以某校工商管理专业核算学分147为例，详见7.2.2节。
- 实践学分是否符合国标和合格评估要求?

Part 8　课程的学期安排（教学进度安排、计划进程表）

课程的学期安排表就是依据全息表，按照学期单独编制本学期课程的执行进度表。

由于比较简单，不再赘述。

工商管理专业本科专业人才培养方案（2022版）

A.1 培养目标

A.1.1 人才定位

秉承“进德修业、知行合一”的校训，响应国家“新商科”建设与发展规划，依托学校优良的办学传统、先进的育人理念和优越的办学条件，立足河北，面向全国，服务于国家与地方经济建设和行业发展，培养具有扎实的专业理论知识与专业技能的管理人才。

A.1.2 培养目标

本专业毕业生毕业后应达到以下目标。

（1）了解哲学、社会学、心理学等方面的通识性知识，熟练掌握数学、统计学、经济学等学科基础知识和方法；系统掌握管理学、组织行为学、会计学等工商管理专业理论知识与方法。

（2）具备运用科学的方法获取知识并进行整合的能力，具备运用经济管理知识与方法研究工商管理问题并解决问题的能力；具有在企事业单位、行政部门等机构从事管理工作的能力。

（3）具备健康的身心和良好的人文科学素养，能够在工商管理实践中进行有效的沟通和表达，表现出良好的创新意识和团队协作精神；具有社会责任意识，坚守职业道德规范，能够在工商管理实践中自觉考虑法律、法规等因素影响。

（4）具有公共意识，践行社会主义核心价值观，适应国家经济建设需要。

A. 2 毕业要求

A. 2. 1 知识结构要求

A. 2. 1. 1 学科基础知识

1. 熟练掌握合理的数学、自然科学知识和数理计算工具；
2. 熟练掌握经济管理专业基础知识。

A. 2. 1. 2 专业知识

1. 系统掌握工商管理专业基本理论和基础知识；
2. 系统掌握工商管理专业基本方法与工具。

A. 2. 1. 3 通识性知识

1. 充分了解社会科学类通识性知识；
2. 充分了解科学技术类通识性知识。

A. 2. 2 能力结构要求

A. 2. 2. 1 知识获取能力

1. 具备较强的通过课堂、网络等渠道获取知识的能力；
2. 具备初级的通过整合他人知识构建自己的知识体系的能力。

A. 2. 2. 2 知识应用能力

1. 具备中级的分析工商管理问题的能力；
2. 具备初级的使用现代工具提出问题解决方案的能力。

A. 2. 2. 3 创新创业能力

1. 具有较强的组织沟通能力；
2. 具有较强理论和实践创新的能力。

A. 2. 3 素质结构要求

A. 2. 3. 1 思想道德素质

1. 熟练掌握政治理论，树立唯物主义世界观；

2. 具有较强的道德修养和社会责任感。

A. 2. 3. 2　专业素质

1. 具备初级的发现组织管理问题的敏锐性和判断力；
2. 能够系统地运用管理学理论与方法分析、解决组织管理问题。

A. 2. 3. 3　文化素质

1. 具备基本的审美观、品位和文化修养；
2. 具有较强的人际交往能力。

A. 2. 3. 4　身心素质

1. 具备强健的体魄；
2. 具有健康的心理素质。

A. 3　培养目标、毕业要求、课程三者之间的支撑关系

1. 毕业要求对培养目标的支撑矩阵见表 A-1。

表 A-1　毕业要求对培养目标的支撑矩阵

毕业要求	培养目标			
	培养目标 1	培养目标 2	培养目标 3	培养目标 4
毕业要求 1：学科基础知识	√		√	
毕业要求 2：专业知识	√			
毕业要求 3：通识性知识	√		√	
毕业要求 4：知识获取能力		√		
毕业要求 5：知识应用能力		√		
毕业要求 6：创新创业能力		√	√	
毕业要求 7：思想道德素质	√		√	√
毕业要求 8：专业素质	√	√		
毕业要求 9：文化素质			√	√
毕业要求 10：身心素质				√

2. 毕业要求的指标点分解见表 A-2。

表 A-2　毕业要求的指标点分解

毕业要求	一级指标	二级指标
知识结构要求	1. 学科基础知识	1.1 熟练掌握合理的数学、自然科学知识和数理计算工具
		1.2 熟练掌握合理的经济管理专业基础知识
	2. 专业知识	2.1 系统掌握合理的工商管理专业基本理论和基础知识
		2.2 系统掌握工商管理专业基本方法与工具
	3. 通识性知识	3.1 充分了解社会科学类通识性知识
		3.2 充分了解科学技术类通识性知识
能力结构要求	4. 知识获取能力	4.1 具备较强的通过课堂、网络等渠道获取知识的能力
		4.2 具备初级的通过整合他人知识构建自己的知识体系的能力
	5. 知识应用能力	5.1 具备中级的分析工商管理问题的能力
		5.2 具备初级的使用现代工具提出问题解决方案的能力
	6. 创新创业能力	6.1 具有较强的组织沟通能力
		6.2 具有较强的理论和实践创新的能力
素质结构要求	7. 思想道德素质	7.1 熟练掌握政治理论，树立唯物主义世界观
		7.2 具有较强的良好道德修养和社会责任感
	8. 专业素质	8.1 具备初级的发现组织管理问题的敏锐性和判断力
		8.2 能够系统地运用管理学理论与方法分析、解决组织管理问题
	9. 文化素质	9.1 具备基本的审美、品味和文化修养
		9.2 具有较强的人际交往能力
	10. 身心素质	10.1 具备强健的体魄
		10.2 具有过硬的心理素质

3. 课程对于毕业要求二级指标的支撑矩阵见表 A-3。

表 A-3　课程对于毕业要求二级指标的支撑矩阵

课程名称	要求 1		要求 2		要求 3		要求 4		要求 5		要求 6		要求 7		要求 8		要求 9		要求 10	
	1. 1	1. 2	2. 1	2. 2	3. 1	3. 2	4. 1	4. 2	5. 1	5. 2	6. 1	6. 2	7. 1	7. 2	8. 1	8. 2	9. 1	9. 2	10. 1	10. 2
思修（注 1）					√								√	√						
近代史（注 2）					√								√	√						
马原（注 3）					√								√	√						
毛概（注 4）					√								√	√						
习概（注 5）					√								√	√						
形势与政策					√								√	√						
综合英语											√							√		
体育																			√	
军事理论	√																			
美育教育																	√			
职业与就业（注 6）															√					
心理健康教育																				√
计算机基础	√				√															
文献检索							√													
创新创业概论												√								
微积分	√																			

续表

课程名称	要求1		要求2		要求3		要求4		要求5		要求6		要求7		要求8		要求9		要求10	
	1.1	1.2	2.1	2.2	3.1	3.2	4.1	4.2	5.1	5.2	6.1	6.2	7.1	7.2	8.1	8.2	9.1	9.2	10.1	10.2
线性代数	√																			
概率论（注7）	√																			
数据库基础						√														
管理学		√	√																	
会计学原理		√	√																	
表达与沟通		√																		
经济学		√																		
运筹学		√																		
统计学		√							√											
管理信息系统		√																		
经济法		√	√																	
战略管理		√	√																	
市场营销学			√	√																
组织行为学			√	√																
人力资源管理			√	√																
公司治理			√	√																
运营管理			√	√																
财务管理（B）			√	√																

续表

课程名称	要求1		要求2		要求3		要求4		要求5		要求6		要求7		要求8		要求9		要求10	
	1.1	1.2	2.1	2.2	3.1	3.2	4.1	4.2	5.1	5.2	6.1	6.2	7.1	7.2	8.1	8.2	9.1	9.2	10.1	10.2
工商管理专业导论			√								√									
企业风险管理							√	√												
工商管理专业外语			√								√									
市场调查与预测				√					√											
税法（B）			√																	
管理会计（B）			√																	
营销渠道管理			√				√	√	√	√										
新媒体营销			√				√	√	√	√										
财务分析（B）			√				√	√	√	√										
金融学（B）			√				√	√	√	√										
人力资源管理实务			√				√	√	√	√						√				
广告学			√	√			√	√		√										
薪酬管理			√	√			√	√		√										
消费者行为学			√	√			√	√	√	√										
市场营销综合实务			√	√			√	√	√	√						√				
商务谈判			√	√			√	√	√	√	√					√				
员工培训与开发			√	√			√	√	√	√										
专业认知												√			√	√				

续表

课程名称	要求 1		要求 2		要求 3		要求 4		要求 5		要求 6		要求 7		要求 8		要求 9		要求 10	
	1.1	1.2	2.1	2.2	3.1	3.2	4.1	4.2	5.1	5.2	6.1	6.2	7.1	7.2	8.1	8.2	9.1	9.2	10.1	10.2
模拟公司创办												√				√				
公司设计（注 8）												√				√				
Excel 应用（注 9）				√												√				
综合会计业务实验				√												√				
毕业实习															√	√				
毕业论文			√	√												√				

注 1：思想道德修养与法治；
注 2：中国近现代史纲要；
注 3：马克思主义基本原理概论；
注 4：毛泽东思想和中国特色社会主义理论体系概论；
注 5：习近平新时代中国特色社会主义思想概论；
注 6：职业发展与就业指导；
注 7：概率论与数理统计；
注 8：公司设计与运营分析；
注 9：Excel 在财会中的应用。

A.4 主干学科与主要课程

A.4.1 主干学科

工商管理、管理科学与工程、经济学。

A.4.2 学科基础课程

微积分、线性代数、概率论与数理统计、数据库基础及其应用、表达与沟通、经济学、运筹学、统计学、管理信息系统、经济法。

A.4.3 专业核心课程

管理学、会计学原理、战略管理、市场营销学、组织行为学、人力资源管理、公司治理、运营管理、财务管理。

A.4.4 主要及特色实践教学环节

主要实践环节：Excel 在财会中的应用 32 学时、综合会计业务实验 32 学时、毕业实习 4 周、毕业设计（论文）16 周。

特色实践环节：专业认知 1 周、模拟公司创办 2 周、公司设计与运营分析 2 周。

A.5 标准学制、毕业学分及授予学位

A.5.1 标准学制

四年。

A.5.2 毕业学分

在规定的学习年限内完成专业课程教学计划中规定的全部内容，修满要求的最低学分 159.5 学分，经德、智、体、美、劳等方面审查合格，准予毕业。

A.5.3 授予学位

满足《某学院学士学位授予工作实施细则》有关要求，授予管理学学士学位。

A.6 课程体系设置

A.6.1 通识教育类

本类课程要求修满 53.5 学分，其中必修课 45.5 学分，选修课 8 学分；核算学

分 40 学分，非核算学分 13. 5 学分。

A. 6. 2 学科基础类

本类课程要求修满 41 学分必修课。

A. 6. 3 专业类

本类课程要求修满 66 学分，其中专业核心课、专业必修课 21 学分；实践教育课 21 学分；专业选修课 24 学分。

A. 6. 4 自主类

本类课程全部为选修课，要求获取学分不少于 10 学分，作为学生毕业必须达到的条件之一，主要包含获取证书、发表论文、参加竞赛、参加科研等。具体认定按照学校和学院的相关规定执行。

A. 6. 5 课程体系全息表

工商管理专业课程体系全息表参见表 A-4。

表 A-4 工商管理专业课程体系全息表

课程类别	课程性质	课程名称	学分	总学时	实践学时			学期学时分配								非核算学分	总学分
					实验	实习	其他	1	2	3	4	5	6	7	8		
通识教育类	必修	＊思想道德修养与法律基础	2	32				32								1	3
		＊中国近现代史纲要	2	32					32							1	3
		＊马克思主义基本原理概论	2	32						32						1	3
		＊毛泽东思想和中国特色社会主义理论体系概论	4	64							64					1	5
		＊习近平新时代中国特色社会主义思想概论	1	16								16				0.5	1.5
		＊形势与政策	1	16				2	2	2	2	2	2	2	2	1	2
		＊军事理论	1	16				16								1	2
		＊军事技能	2	32			32	32								0	2
		＊体育	4	64			64	16	16	16	16					5	9
		＊美育教育	1	16						16						0	1
		＊劳动教育	1	16			16		8	8						1	2
		＊创新创业教育	1	16								16				0	1

续表

课程类别	课程性质	课程名称	学分	总学时	实践学时			学期学时分配								非核算学分	总学分
					实验	实习	其他	1	2	3	4	5	6	7	8		
通识教育类	必修	*职业发展与就业指导	1	16									16			1	1
		*心理健康	1	16				16								1	2
		*综合英语	8	128				32	32	32	32					0	8
	必修课		32	512	0	0	112	146	90	106	114	34	18	2	2	14.5	46.5
	选修	计算机基础	2	32	16			32								免修	2
		文献检索	0.5	8										8		0	0.5
		……															
	选修课		8	128		0	0	16	16	16	16	16	16	16	16	0	8
合计 1			40	640	0	0	112	162	106	122	130	50	34	18	18	12.5	53.5
学科基础类	必修	*微积分	8	128				64	64							0	8
		*线性代数 B	2	32				32								0	2
		*概率论与数理统计	3	48					48							0	3
		*数据库基础及其应用	3	48	16				48							0	3
		*管理学	3	48				48								0	3
		*会计学原理	3	48					48							0	3
		*表达与沟通	2	32			8	32								0	2

续表

课程类别	课程性质	课程名称	学分	总学时	实践学时			学期学时分配								非核算学分	总学分
					实验	实习	其他	1	2	3	4	5	6	7	8		
学科基础类	必修	＊经济学	4	64						64						0	4
		＊运筹学	4	64						64						0	4
		＊统计学	3	48	8						48					0	3
		＊管理信息系统（MIS）	2	32								32				0	2
		＊经济法	2	32										32		0	2
		＊战略管理	2	32									32			0	2
	合计2		41	656	24	0	8	176	208	128	48	32	32	32	0	0	41
专业类	必修	＊市场营销学（A）	3	48	8					48						0	3
		＊组织行为学	2	32			8			32						0	2
		＊人力资源管理（A）	3	48			4				48					0	3
		＊公司治理	2	32	4						32					0	2
		＊运营管理	3	48	8						48					0	3
		＊财务管理（B）	3	48	8							48				0	3
		＊工商管理专业导论	1	16				16								0	1
		＊企业风险管理	2	32	4								32			0	2
		＊工商管理专业外语	2	32										32		0	2

续表

课程类别	课程性质	课程名称	学分	总学时	实践学时			学期学时分配								非核算学分	总学分
					实验	实习	其他	1	2	3	4	5	6	7	8		
专业类	必修	＊专业认知	1	16		16			16							0	1
		＊模拟公司创办	2	32			32				32					0	2
		＊公司设计与运营分析	2	32			32						32			0	2
		＊Excel 在财会中的应用	2	32	32							32				0	2
		＊综合会计业务实验（B）	2	32	32								32			0	2
		＊毕业实习	2	32		32								32		0	2
		＊毕业设计（论文）	10	160			160								160	0	10
	小计 1		42	672	96	48	236	16	16	80	160	80	96	64	160	0	42
	选修	市场调查与预测	2	32	16						32					0	2
		税法（B）	2	32								32				0	2
		管理会计（B）	2	32	8							32				0	2
		营销渠道管理	2	32	4							32				0	2
		新媒体营销	2	32	4							32				0	2
		财务分析（B）	2	32	8							32				0	2
		金融学（B）	2	32								32				0	2

续表

课程类别	课程性质	课程名称	学分	总学时	实践学时			学期学时分配								非核算学分	总学分
					实验	实习	其他	1	2	3	4	5	6	7	8		
专业类	选修	人力资源管理实务	2	32	8							32				0	2
		广告学	2	32	4								32			0	2
		薪酬管理	2	32			8						32			0	2
		消费者行为学	2	32	4								32			0	2
		市场营销综合实务	2	32			16						32			0	2
		商务谈判	2	32	8								32			0	2
		员工培训与开发	2	32	8								32			0	2
		……															
	小计2		24	384	72	0	24	0	0	0	32	160	192	0	0	0	24
	合计3		66	1 056	168	48	260	16	16	80	192	240	288	64	160	0	66
总合计			147	2 352	192	48	380	354	330	330	370	322	354	114	178	12.5	159.5

注：①专业类选修模块需要修读不少于24学分。

②毕业实习第7学期13周开始到第8学期初结束。

③毕业论文第7学期13周开始到第8学期14周结束。

④自主类：要求获取学分不少于10学分。主要包含获取证书、发表论文、参加竞赛、参加科研等方式。具体认定按照学校和学院相关规定执行。

A. 7 对标检验与结构分析

A. 7. 1 基本要求对照表（见表 A-5）

A-5 基本要求对照表

序号	方案基本要求	体现之处	如何体现的
1	充分体现全面发展总体要求	指导思想；培养目标；课程体系	坚持德智体美劳全面发展的教育方针；德智体美劳课程都有设置必修课
2	符合学校“十四五”时期事业发展规划要求	专业定位；人才定位	培养应用型人才
3	符合国家的专业人才培养要求	毕业要求；总学分要求；实践学分比重	1）充分体现了国标规定的知识、能力、素质三大要求；2）专业总学分 147 学分、实践学分占比 26. 36%，符合规定
4	体现现代教育理念	指导思想；课程设置；课程配置表	体现了 OBE 教育理念、自主教育理念、开放教育理念
5	符合本科合格评估的要求	对照了本科合格评估指标体系	没有冲突、都达标

A. 7. 2 基于 OBE 的专业主要课程配置表

具体内容见表 A-6。

表 A-6　专业课程配置是否符合专业定位

序号	T1	T2	T3	T4	T5	T6	T7	T8	目标	指标
1	综合外语 1~4						专业外语		能看什么	外文阅读，开阔国际视野
2	专业导论						文献检索			能读懂专业资料
3	计算机基础	数据库			MIS				能干什么	能使用现代信息技术
4	数学课		运筹学	统计学	市场调查					能建立经济模型、分析经管问题
5	管理学		经济学		运营管理/公司治理/金融学	风险管理/战略管理				能分析公司的运营环境、识别经营风险、制定公司长期战略
6		会计学			财会类课	财会实践				能读懂财务信息，能做账
7			组织行为学	人力资源管理	人力资源管理实务	员工培训与开发/薪酬管理				能处理公司人事部门各项工作
8		专业认知		模拟公司创办	创业创业教育	公司设计与运营	实习	毕设		能编写商业计划书，创办并运营企业
9			市场营销		营销渠道/新媒体营销	营销实务/广告学				能分析公司市场占有情况、开拓产品市场
10	沟通/心理教育	劳育	美育			职业发展			有合力	有政治头脑、懂经济管理相关法律、掌握表达沟通技巧，有团队精神
	体育课 1~3									
	思政课 1~5						经济法			

A. 7. 3　教学均衡性

总学分为 147 学分，基于每学期平均学分（学分/学期）考虑教学均衡性（见表 A-7）。

表 A-7　教学均衡性

	学期 1	学期 2	学期 3	学期 4	学期 5	学期 6	学期 7	学期 8	占比
理论教学	18. 5	17. 5	18. 5	17. 5	15. 5	14. 75	5	1	73. 64%
实践教学	3. 5	3. 5	2. 5	5. 5	4. 5	7. 25	2	10	26. 36%
合计	22	21	21	23	20	22	7	11	100%

A. 7. 4　通识、学科、专业、自主课的实际学分结构

通识、学科、专业、自主课的实际学分结构见表 A-8。

表 A-8　通识、学科、专业、自住课的实际学分结构

<table>
<tr><th></th><th>通识教育课 40 学分</th><th>学科基础课 41 学分</th><th>专业课 66 学分</th><th>横向合计</th></tr>
<tr><td>必修学分</td><td>32/40 = 80%</td><td>41/41 = 100%</td><td>42/66 = 64%</td><td rowspan="2">147</td></tr>
<tr><td>选修学分</td><td>8/40 = 20%</td><td>0</td><td>24/66 = 36%</td></tr>
<tr><td>理论学分</td><td>33/40 = 72%</td><td>39/41 = 95%</td><td>36/66 = 54%</td><td rowspan="2">147</td></tr>
<tr><td>实践学分</td><td>7/40 = 18%</td><td>2/41 = 5%</td><td>30/66 = 46%</td></tr>
</table>

注：实践学分比例 26. 53%，符合国标和合格评估的要求（国标中工商要求实践学分不低于 15%）。

A. 8　学期教学执行计划

（略）

编写人：×××

评审人：×××、×××、×××、×××、×××

审批人：×××

机械工程专业本科专业人才培养方案（2022版）

B.1 培养目标

B.1.1 人才定位

秉承“进德修业、知行合一”的校训，响应国家“新工科”建设与发展规划，全面贯彻党的教育方针，培养德、智、体、美、劳全面发展的社会主义建设者和接班人，面向行业生产需求，建设以铁路车辆、现代制造工艺、数字化设计制造等方向的基本理论和工程实践为重点的应用型本科专业，培养具有扎实专业理论知识与专业技能的工程型人才。

B.1.2 培养目标

本专业毕业生毕业后达到以下目标：

（1）熟练掌握数学、自然科学和机械工程等学科基础知识和方法；系统掌握机械设计、机械制造以及机电一体化等方面的基本理论、基本知识和基本技能。

（2）能够适应现代机械工程技术的发展；能在机械设计制造、数控系统开发使用、铁路车辆设计制造、模具设计制造、设备调试维修和技术管理等领域从事研究、开发、管理等工作。

（3）具备健康的身心和良好的人文科学素养，具有团队精神、有效的沟通表达能力；具有社会责任意识，坚守职业道德规范，能够在实践中自觉考虑法律、法规等因素影响；能够根据工作及环境的需要，主动更新并拓展自己的知识和能力。

（4）具有公共意识，自觉践行社会主义核心价值观，适应国家经济建设需要。

B.2 毕业要求

本专业学生主要学习机械设计、机械制造、机电一体化、智能制造等方面基本理论与基本知识，接受现代机械工程师的基本训练，具有进行机电产品设计制造、先进制造技术应用、生产组织管理的基本能力。

B.2.1 知识结构要求

B.2.1.1 工程知识（毕业要求1）

能够将数学、自然科学、工程基础和专业知识用于解决机械工程领域的复杂工程问题。

（1）能将数学、自然科学、工程科学的语言工具用于工程问题的表述，针对机械工程领域的具体对象建立数学模型并求解；

（2）能够将机械设计、机械制造、机电控制等专业知识和数学模型方法用于推演、分析机械工程领域的工程问题，对解决方案进行比较与综合。

B.2.1.2 问题分析（毕业要求2）

能够应用数学、自然科学和工程科学的基本原理，识别、表达，并通过文献研究分析机械工程领域中的复杂工程问题，以获得有效结论。

（1）能运用相关科学原理和数学模型方法，识别和判断机械工程领域复杂工程问题的关键环节，正确表达机械工程领域复杂工程问题；

（2）能运用基本原理，借助文献研究，分析过程的影响因素，认识到解决问题有多种方案可选择，寻求可替代的解决方案并获得有效结论。

B.2.1.3 设计/开发解决方案（毕业要求3）

能够设计针对机械工程领域复杂工程问题的解决方案，设计满足特定需求的系统、单元（部件）或工艺流程，并能够在设计环节中体现创新意识，考虑社会、健康、安全、法律、文化以及环境等因素。

（1）掌握机械工程领域工程设计和产品开发全周期、全流程的基本设计/开发方法和技术，了解影响设计目标和技术方案的各种因素；

（2）能够针对特定需求，完成机械单元（部件）的设计及机械系统或工艺流程设计，在设计中体现创新意识，并在设计中能够考虑安全、健康、法律、文化及环境等制约因素。

B.2.1.4 研究（毕业要求4）

能够基于科学原理并采用科学方法对机械工程领域复杂工程问题进行研究，包括设计实验、分析与解释数据，并通过信息综合得到合理有效的结论。

（1）能够基于科学原理，通过文献研究或相关方法，调研和分析机械工程领域复杂工程问题的解决方案；

（2）能够根据对象特征，选择研究路线，设计实验方案，构建实验系统，安全地开展实验，正确地采集实验数据，能对实验结果进行分析和解释，并通过信息综合得到合理有效的结论。

B. 2. 2　能力结构要求

B. 2. 2. 1　使用工具（毕业要求 5）

能够针对机械工程领域复杂工程问题，开发、选择与使用恰当的技术、资源、现代工程工具和信息技术工具，包括对复杂机械工程问题的预测与模拟，并能够理解其局限性。

（1）了解机械工程领域常用的现代仪器、信息技术工具、工程工具和模拟软件的使用原理和方法，并理解其局限性；

（2）能够选择与使用恰当的仪器、信息资源、工程工具和专业模拟软件，对复杂工程问题进行分析、计算与设计，开发或选用满足特定需求的现代工具，模拟和预测专业问题，并能够分析其局限性。

B. 2. 2. 2　工程与社会（毕业要求 6）

能够基于机械工程领域相关背景知识进行合理分析，评价专业工程实践和复杂工程问题解决方案对社会、健康、安全、法律以及文化的影响，并理解应承担的责任。

（1）了解机械工程领域相关的技术标准体系、知识产权、产业政策和法律法规，理解不同社会文化对工程活动的影响；

（2）能分析和评价专业工程实践对社会、健康、安全、法律、文化的影响，以及这些制约因素对项目实施的影响，并理解应承担的责任。

B. 2. 2. 3　项目管理（毕业要求 7）

了解并掌握工程管理原理与经济决策方法，且能在多学科环境中应用。

（1）掌握机械工程项目中涉及的管理与经济决策方法，了解机械工程及产品全周期、全流程的成本构成，理解其中涉及的工程管理与经济决策问题；

（2）能在多学科环境下（包括模拟环境），在设计开发解决方案的过程中，运用工程管理与经济决策方法。

B. 2. 2. 4　终身学习（毕业要求 8）

具有自主学习和终身学习的意识，有不断学习和适应发展的能力。

（1）能在社会发展的大背景下，认识到自主学习和终身学习的必要性；

(2) 具有自主学习的能力，包括对技术问题的理解能力，归纳总结的能力和提出问题的能力等。

B.2.3 素质结构要求

B.2.3.1 环境与可持续发展（毕业要求9）

能够理解和评价针对机械工程领域复杂工程问题的工程实践对环境、社会可持续发展的影响。

(1) 知晓和理解环境保护和可持续发展的理念和内涵；

(2) 能够站在环境保护和可持续发展的角度思考机械工程领域工程实践的可持续性，评价产品周期中可能对人类和环境造成的损害和隐患。

B.2.3.2 职业规范（毕业要求10）

具有人文社会科学素养、社会责任感，能够在机械工程领域工程实践中理解并遵守工程职业道德和规范，履行责任。

(1) 有正确价值观，理解个人与社会的关系，了解中国国情；

(2) 理解诚实公正、诚信守则的工程职业道德和规范，并能在工程实践中自觉遵守，理解机械工程师对公众的安全、健康和福祉，以及环境保护的社会责任，能够在工程实践中自觉履行责任。

B.2.3.3 个人与团队（毕业要求11）

能够在多学科背景下的团队中承担个体、团队成员以及负责人的角色。

(1) 能与其他学科的成员有效沟通，合作共事；

(2) 能够组织、协调和指挥团队开展工作，在团队中独立或合作开展工作。

B.2.3.4 沟通（毕业要求12）

能够就机械工程领域复杂工程问题与业界同行及社会公众进行有效沟通和交流，包括撰写报告和设计文稿、陈述发言、清晰表达或回应指令，具备一定的国际视野，能够在跨文化背景下进行沟通和交流。

(1) 能就机械工程领域的专业问题，以口头、文稿、图表等方式，准确表达自己的观点，回应质疑，理解与业界同行和社会公众交流的差异性；

(2) 了解机械工程领域的国际发展趋势、研究热点，理解和尊重世界不同文化的差异性和多样性，具备跨文化交流的语言和书面表达能力，能就机械工程领域的专业问题，在跨文化背景下进行基本沟通和交流。

B.3 培养目标、毕业要求、课程三者之间的支撑关系

1. 毕业要求对培养目标的支撑矩阵表见表 B-1。

表 B-1 毕业要求对培养目标的支撑矩阵表

毕业要求	培养目标			
	培养目标 1	培养目标 2	培养目标 3	培养目标 4
毕业要求 1：工程知识	√			
毕业要求 2：问题分析	√	√	√	
毕业要求 3：设计/开发解决方案	√	√		
毕业要求 4：研究		√		
毕业要求 5：使用工具		√		
毕业要求 6：工程与社会	√			
毕业要求 7：项目管理	√	√	√	
毕业要求 8：终身学习			√	
毕业要求 9：环境与可持续发展			√	√
毕业要求 10：职业规范	√	√		√
毕业要求 11：个人与团队	√			
毕业要求 12：沟通		√		

2. 毕业要求的指标分解见表 B-2。

表 B-2 毕业要求的指标分解

毕业要求	一级指标	二级指标
知识结构要求	1. 工程知识	1.1 能将数学、自然科学、工程科学的语言工具用于工程问题的表述，针对机械工程领域的具体对象建立数学模型并求解
		1.2 能够将机械设计、机械制造、机电控制等专业知识和数学模型方法用于推演、分析机械工程领域的工程问题，对解决方案进行比较与综合
	2. 问题分析	2.1 能运用相关科学原理和数学模型方法，识别和判断机械工程领域复杂工程问题的关键环节，正确表达机械工程领域复杂工程问题

续表

毕业要求	一级指标	二级指标
知识结构要求	2. 问题分析	2.2 能运用基本原理，借助文献研究，分析过程的影响因素，认识到解决问题有多种方案可选择，寻求可替代的解决方案并获得有效结论
	3. 设计/开发解决方案	3.1 掌握机械工程领域工程设计和产品开发全周期、全流程的基本设计/开发方法和技术，了解影响设计目标和技术方案的各种因素
		3.2 能够针对特定需求，完成机械单元（部件）的设计及机械系统或工艺流程设计，在设计中体现创新意识，并在设计中能够考虑安全、健康、法律、文化及环境等制约因素
	4. 研究	4.1 能够基于科学原理，通过文献研究或相关方法，调研和分析机械工程领域复杂工程问题的解决方案
		4.2 能够根据对象特征，选择研究路线，设计实验方案，构建实验系统，安全地开展实验，正确地采集实验数据，能对实验结果进行分析和解释，并通过信息综合得到合理有效的结论
能力结构要求	5. 使用现代工具	5.1 了解机械工程领域常用的现代仪器、信息技术工具、工程工具和模拟软件的使用原理和方法，并理解其局限性
		5.2 能够选择与使用恰当的仪器、信息资源、工程工具和专业模拟软件，对复杂工程问题进行分析、计算与设计，开发或选用满足特定需求的现代工具，模拟和预测专业问题，并能够分析其局限性
	6. 工程与社会	6.1 了解机械工程领域相关的技术标准体系、知识产权、产业政策和法律法规，理解不同社会文化对工程活动的影响
		6.2 能分析和评价专业工程实践对社会、健康、安全、法律、文化的影响，以及这些制约因素对项目实施的影响，并理解应承担的责任
	7. 项目管理	7.1 掌握机械工程项目中涉及的管理与经济决策方法，了解机械工程及产品全周期、全流程的成本构成，理解其中涉及的工程管理与经济决策问题
		7.2 能在多学科环境下（包括模拟环境），在设计开发解决方案的过程中，运用工程管理与经济决策方法
	8. 终身学习	8.1 能在社会发展的大背景下，认识到自主和终身学习的必要性
		8.2 具有自主学习的能力，包括对技术问题的理解能力，归纳总结的能力和提出问题的能力等

续表

毕业要求	一级指标	二级指标
素质结构要求	9. 环境和可持续发展	9.1 知晓和理解环境保护和可持续发展的理念和内涵
		9.2 能够站在环境保护和可持续发展的角度思考机械工程领域工程实践的可持续性，评价产品周期中可能对人类和环境造成的损害和隐患
	10. 职业规范	10.1 有正确价值观，理解个人与社会的关系，了解中国国情
		10.2 理解诚实公正、诚信守则的工程职业道德和规范，并能在工程实践中自觉遵守，理解机械工程师对公众的安全、健康和福祉，以及环境保护的社会责任，能够在工程实践中自觉履行责任
	11. 个人和团队	11.1 能与其他学科的成员有效沟通，合作共事
		11.2 能够组织、协调和指挥团队开展工作，在团队中独立或合作开展工作
	12. 沟通	12.1 能就机械工程领域的专业问题，以口头、文稿、图表等方式，准确表达自己的观点，回应质疑，理解与业界同行和社会公众交流的差异性
		12.2 了解机械工程领域的国际发展趋势、研究热点，理解和尊重世界不同文化的差异性和多样性，具备跨文化交流的语言和书面表达能力，能就机械工程领域的专业问题，在跨文化背景下进行基本沟通和交流

3. 专业课程对毕业要求二级指标的支撑关系矩阵见表B-3。

表 B-3　专业课程对毕业要求二级指标的支撑关系矩阵

课程名称	要求 1		要求 2		要求 3		要求 4		要求 5		要求 6		要求 7		要求 8		要求 9		要求 10		要求 11		要求 12	
	1. 1	1. 2	2. 1	2. 2	3. 1	3. 2	4. 1	4. 2	5. 1	5. 2	6. 1	6. 2	7. 1	7. 2	8. 1	8. 2	9. 1	9. 2	10. 1	10. 2	11. 1	11. 2	12. 1	12. 2
思修（注 1）						√					√	√							√	√				
近代史（注 2）						√													√	√				
马原（注 3）						√													√	√				
毛概（注 4）						√													√	√				
习概（注 5）						√													√	√				
形势与政策						√					√	√			√	√	√	√	√	√				
军事理论						√									√	√					√	√		
军事技能															√	√					√	√		
体育															√	√					√	√		
美育教育						√																	√	√
劳动教育						√									√	√			√	√	√	√		
创新创业教育						√					√				√	√	√	√	√	√	√	√		
职业与就业（注 6）						√					√				√	√	√	√	√	√	√	√		
心理健康						√											√	√						

续表

课程名称	要求 1		要求 2		要求 3		要求 4		要求 5		要求 6		要求 7		要求 8		要求 9		要求 10		要求 11		要求 12	
	1. 1	1. 2	2. 1	2. 2	3. 1	3. 2	4. 1	4. 2	5. 1	5. 2	6. 1	6. 2	7. 1	7. 2	8. 1	8. 2	9. 1	9. 2	10. 1	10. 2	11. 1	11. 2	12. 1	12. 2
综合英语															√	√							√	√
高等数学Ⅰ	√							√																
高等数学Ⅱ	√							√																
线性代数（B）	√							√																
概率论（注 7）	√							√																
大学物理Ⅰ（A）	√						√	√					√	√										
大学物理Ⅱ（A）	√						√	√					√	√										
大学物理实验Ⅰ	√						√	√					√	√										
大学物理实验Ⅱ	√						√	√					√	√										
C 语言程序设计（B）	√								√	√			√	√										
制图Ⅰ（注 8）	√								√	√	√												√	

续表

课程名称	要求 1		要求 2		要求 3		要求 4		要求 5		要求 6		要求 7		要求 8		要求 9		要求 10		要求 11		要求 12	
	1.1	1.2	2.1	2.2	3.1	3.2	4.1	4.2	5.1	5.2	6.1	6.2	7.1	7.2	8.1	8.2	9.1	9.2	10.1	10.2	11.1	11.2	12.1	12.2
制图Ⅱ（注 9）	√								√	√	√												√	
机械制图工程实践	√								√	√	√	√											√	
理论力学（B）	√						√	√																
材料力学（B）	√						√	√																
机械工程专业导论					√	√					√	√	√	√	√	√	√	√	√	√			√	√
工程材料	√	√											√	√										
电工电子技术（A）	√	√											√	√										
工程热力学（B）	√						√						√	√										
微机原理（注 10）		√						√	√	√			√	√										
三维绘图（注 11）	√								√	√														
互换性与测量技术		√					√	√	√	√	√													
机械原理		√	√	√	√	√	√	√			√												√	√

续表

课程名称	要求 1		要求 2		要求 3		要求 4		要求 5		要求 6		要求 7		要求 8		要求 9		要求 10		要求 11		要求 12	
	1.1	1.2	2.1	2.2	3.1	3.2	4.1	4.2	5.1	5.2	6.1	6.2	7.1	7.2	8.1	8.2	9.1	9.2	10.1	10.2	11.1	11.2	12.1	12.2
机械原理课程设计		√	√	√	√	√	√	√			√												√	√
机械测试技术		√	√	√			√	√	√	√			√	√										
机械控制工程		√					√						√	√										
机械制造基础									√	√														
机械设计		√	√	√	√	√	√				√												√	√
机械设计课程设计		√	√	√	√	√	√				√												√	√
机械制造工艺学									√	√	√													
机械制造装备及其设计		√	√	√	√	√					√													
专业英语（机械）															√	√							√	√
液压与气压传动		√						√	√	√			√	√										
数控技术（A）									√	√			√	√										
数控实践（注 12）									√	√		√	√	√										

续表

课程名称	要求 1		要求 2		要求 3		要求 4		要求 5		要求 6		要求 7		要求 8		要求 9		要求 10		要求 11		要求 12	
	1. 1	1. 2	2. 1	2. 2	3. 1	3. 2	4. 1	4. 2	5. 1	5. 2	6. 1	6. 2	7. 1	7. 2	8. 1	8. 2	9. 1	9. 2	10. 1	10. 2	11. 1	11. 2	12. 1	12. 2
轨道车辆（注 13）		√			√	√					√		√	√										
机械系统仿真	√		√	√	√	√			√	√														
现代企业管理											√		√	√	√	√	√	√	√	√	√	√	√	√
金工实习（A）									√	√		√							√	√	√	√		
发动机拆装实习		√	√	√					√	√		√	√	√					√	√	√	√		
毕业实习						√					√	√							√	√	√	√	√	√
毕业设计		√	√	√	√	√		√			√	√									√	√	√	√
铁道概论（B）											√	√	√	√						√				
机器人技术及应用		√	√		√	√			√	√			√	√			√	√						
3D 打印技术									√	√			√	√			√	√						
机电传动控制		√							√	√			√	√										
故障诊断（注 14）		√	√	√			√	√	√	√	√		√	√										
机车检修（注 15）		√	√	√			√	√	√	√	√													

续表

课程名称	要求 1		要求 2		要求 3		要求 4		要求 5		要求 6		要求 7		要求 8		要求 9		要求 10		要求 11		要求 12	
	1.1	1.2	2.1	2.2	3.1	3.2	4.1	4.2	5.1	5.2	6.1	6.2	7.1	7.2	8.1	8.2	9.1	9.2	10.1	10.2	11.1	11.2	12.1	12.2
模具设计与制造		√	√	√	√	√							√	√										
机械 CAE 软件应用	√		√	√	√	√	√		√	√														
特种加工技术									√	√			√	√										
机床夹具设计		√	√	√	√	√					√													

注 1：思想道德修养与法治；

注 2：中国近现代史纲要；

注 3：马克思主义基本原理概论；

注 4：毛泽东思想和中国特色社会主义理论体系概论；

注 5：习近平新时代中国特色社会主义思想概论；

注 6：职业发展与就业指导；

注 7：概率论与数理统计；

注 8：画法几何与机械制图Ⅰ；

注 9：画法几何与机械制图Ⅱ；

注 10：微机原理及接口技术；

注 11：计算机辅助设计（三维绘图）；

注 12：数控加工工艺与编程实践；

注 13：轨道车辆设计与制造；

注 14：机械故障诊断及维护；

注 15：机车车辆检修及运用。

B.4 主干学科与主要课程

B.4.1 主干学科

数学、力学、机械工程。

B.4.2 学科基础课程

学科基础课程分为基础理论课程和专业基础课程。

基础理论课程：高等数学、线性代数B、概率论与数理统计、大学物理（A）、大学物理实验、C语言程序设计（B）。

专业基础课程：画法几何与机械制图、理论力学（B）、材料力学（B）、机械工程专业导论、工程材料、电工电子技术（A）、工程热力学（B）、微机原理及接口技术、计算机辅助设计（三维绘图）。

B.4.3 专业核心课程及特色课程

专业核心课程：互换性与测量技术、机械原理、机械测试技术、机械控制工程、机械制造基础、机械设计、机械制造工艺学、机械制造装备及其设计。

特色课程：铁道概论、轨道车辆设计与制造。

B.4.4 主要实践教学环节

主要实践教学环节包括课内实验实践环节和集中性实践教学环节，其中课内实验实践环节分布在各专业课程中进行课内实验，集中性教学实践环节主要有：机械制图工程实践、金工实习（A）、发动机拆装实习、机械原理课程设计、机械设计课程设计、数控加工工艺与编程实践、毕业实习、毕业设计等。

B.5 标准学制、毕业学分及授予学位

B.5.1 标准学制

四年。

B.5.2 毕业学分

在规定的学习年限内完成专业课程教学计划中规定的全部内容，修满要求的最低学分181.5学分，经德智体美劳等方面审查合格，准予毕业。

B. 5. 3　授予学位

满足《沧州交通学院学士学位授予工作实施细则》有关要求，授予工学学士学位。

B. 6　课程体系设置

B. 6. 1　通识教育类

通识教育类课程要求修满 54. 5 学分，其中必修课 46. 5 学分，选修课 8 学分；核算学分 40 学分，非核算学分 14. 5 学分。

B. 6. 2　学科基础类

本类课程要求修满 54 学分，其中基础理论课 24 学分、专业基础课 30 学分。

B. 6. 3　专业类

本类课程要求修满 73 学分，其中专业核心课 29 学分、专业必修课 34 学分、专业选修课 10 学分。

B. 6. 4　自主类

本类课程为选修课，要求获取学分不少于 10 学分，作为学生毕业必须达到的条件之一，主要包含获取证书、发表论文、参加竞赛、参加科研等。具体认定按照学校和学院的相关规定执行。

B. 6. 5　课程体系全息表

机械工程专业课程体系全息表见表 B-4。

表 B-4　机械工程专业课程体系全息表

课程类别	课程性质	课程名称	学分	总学时	实践学时			学期学时分配								非核算学分	总学分
					实验	上机	其他	1	2	3	4	5	6	7	8		
通识教育课程	必修	思想道德修养与法治	2.0	32				32								1.0	3.0
		中国近现代史纲要	2.0	32					32							1.0	3.0
		马克思主义基本原理概论	2.0	32						32						1.0	3.0
		毛泽东思想和中国特色社会主义理论体系概论	4.0	64							64					1.0	5.0
		习近平新时代中国特色社会主义思想概论	1.0	16								16				0.5	1.5
		形势与政策	1.0	16				2	2	2	2	2	2	2	2	1.0	1.0
		军事理论	1.0	16				16								1.0	2.0
		军事技能	2.0	32			2周	32									2.0
		体育	4.0	64			64	16	16	16	16					5.0	9.0
		美育教育	1.0	16						16							1.0
		劳动教育	1.0	16			16		8	8						1.0	2.0

续表

课程类别	课程性质	课程名称	学分	总学时	实践学时			学期学时分配								非核算学分	总学分
					实验	上机	其他	1	2	3	4	5	6	7	8		
通识教育课程	必修	创新创业教育	1.0	16								16					1.0
		职业发展与就业指导	1.0	16									16			1.0	2.0
		心理健康	1.0	16				16								1.0	2.0
		综合英语	8.0	128				32	32	32	32						8.0
		小计	32	512	0	0	32	146	90	106	114	34	18	2	2	14.5	46.5
	选修	计算机基础	2	32													2
		科技论文写作与文献检索	2	32													2
		实验室安全教育	1	32													
		……															
		小计	8	128	0	0	0	0	0	0	0	0	0	0	0	0	8

续表

课程类别	课程性质	课程名称	学分	总学时	实践学时			学期学时分配								非核算学分	总学分
					实验	上机	其他	1	2	3	4	5	6	7	8		
学科基础课程	基础理论必修	高等数学Ⅰ	4	64				64									4
		高等数学Ⅱ	4	64					64								4
		线性代数（B）	2	32				32									2
		概率论与数理统计	3	48					48								3
		大学物理Ⅰ（A）	3	48					48								3
		大学物理Ⅱ（A）	3	48						48							3
		大学物理实验Ⅰ	1	16	16				16								1
		大学物理实验Ⅱ	1	16	16					16							1
		C语言程序设计（B）	3	48		16			48								3
		小计	24	384	32	16	0	96	224	64	0	0	0	0	0	0	24
	专业基础必修	画法几何与机械制图Ⅰ	4	64		8		64									4
		画法几何与机械制图Ⅱ	2	32		32			32								2

续表

课程类别	课程性质	课程名称	学分	总学时	实践学时			学期学时分配								非核算学分	总学分
					实验	上机	其他	1	2	3	4	5	6	7	8		
学科基础课程	专业基础必修	机械制图工程实践	2	32			2周		32								2
		理论力学（B）	3	48						48							3
		材料力学（B）	3	48	8						48						3
		机械工程专业导论	1	16				16									1
		工程材料	3	48	6					48							3
		电工电子技术（A）	4	64	16					64							4
		工程热力学（B）	2	32	4					32							2
		微机原理及接口技术	3	48	16						48						3
		计算机辅助设计（三维绘图）	3	48		48					48						3
		小计	30	480	50	88	32	80	80	192	144	0	0	0	0	0	30

续表

课程类别	课程性质	课程名称	学分	总学时	实践学时			学期学时分配								非核算学分	总学分
					实验	上机	其他	1	2	3	4	5	6	7	8		
专业课程	专业核心课	互换性与测量技术	2.5	40	8						40						2.5
		机械原理	4	64	6						64						4
		机械原理课程设计	2	32			2周				32						2
		机械测试技术	2.5	40	4							40					2.5
		机械控制工程	3	48	4							48					3
		机械制造基础	3	48								48					3
		机械设计	4	64	6							64					4
		机械设计课程设计	2	32			2周					32					2
		机械制造工艺学	3	48	4								48				3
		机械制造装备及其设计	3	48	4									48			3
		小计	29	464	36	0	64	0	0	0	136	232	48	48	0	0	29

续表

课程类别	课程性质	课程名称	学分	总学时	实践学时			学期学时分配								非核算学分	总学分
					实验	上机	其他	1	2	3	4	5	6	7	8		
专业课程	专业必修	专业英语（机械）	2	32								32					2
		液压与气压传动	2	32	6								32				2
		数控技术（A）	4	64		20							64				4
		数控加工工艺与编程实践	2	32			2周						32				2
		轨道车辆设计与制造	3	48									48				3
		机械系统仿真	2	32		32							32				2
		现代企业管理	2	32										32			2
		金工实习（A）	3	48			3周				48						3
		发动机拆装实习	2	32			2周						32				2
		毕业实习	2	32			4周							32			2
		毕业设计	10	160			16周								160		10
		小计	34	544	6.0	52	304	0	0	0	48	32	240	32	160	0	34

续表

课程类别	课程性质	课程名称	学分	总学时	实践学时			学期学时分配								非核算学分	总学分
					实验	上机	其他	1	2	3	4	5	6	7	8		
专业课程	选修	铁道概论（B）	2	32								32					2
		机器人技术及应用	2	32								32					
		3D 打印技术	2	32	6								32				2
		机电传动控制	2	32	6								32				
		机械故障诊断及维护	2	32										32			2
		机车车辆检修及运用	2	32										32			
		模具设计与制造	2	32									32				2
		机械 CAE 软件应用	2	32									32				
		特种加工技术	2	32										32			2
		机床夹具设计	2	32										32			
		小计	10	160	6												10

注 1：专业类选修模块需要修读不少于 10 学分。

注 2：毕业实习第 7 学期 13 周开始到第 8 学期初结束。

注 3：毕业设计（论文）第 7 学期 13 周开始到第 8 学期 14 周结束。

注 4：自主类：要求获取学分不少于 10 学分。主要包含获取证书、发表论文、参加竞赛、参加科研等方式。具体认定按照学校和学院相关规定执行。

B.7　新方案设计对标及分析

B.7.1　基本要求对照表（见表 B-5）

表 B-5　基本要求对照表

序号	方案基本要求	体现之处	如何体现的
1	充分体现全面发展总体要求	指导思想；培养目标；课程体系	坚持德智体美劳全面发展的教育方针；德智体美劳课程都有设置
2	符合学校“十四五”时期事业发展规划要求	专业定位；人才定位	培养工程型专业人才
3	符合国标的专业人才培养要求	毕业要求；总学分要求；实践学分比重	充分体现了国标规定的知识、能力、素质三大要求；专业总学分、时间学分比重符合国标要求
4	符合专业工程认证要求	毕业要求；课程设置	毕业要求与课程支撑体系
5	要体现现代教育理念	指导思想；课程设置；课程配置表	体现了 OBE 教育理念、自主教育理念、开放教育理念
6	要符合本科合格评估的要求	对照了本科合格评估指标体系	没有冲突，均达标

B.7.2　基于 OBE 的专业主要课程配置表

专业课程配置符合专业定位情况见表 B-6。

表 B-6　专业课程配置符合专业定位情况一览表

序号	T1	T2	T3	T4	T5	T6	T7	T8	目标	指标
1	综合外语 1~4						专业外语		能看什么	外文阅读，开阔国际视野
2	制图 1	制图 2、制图实践					文献检索			能读懂专业资料
3	专业导论				铁道概论					熟悉本专业培养体系，了解专业发展前沿及未来发展趋势
4	计算机基础	C 语言程序设计		计算机辅助设计（三维绘图）						能使用现代信息技术
5	数学 1、2	数学 3、4，大学物理 1	大学物理 2，理论力学、工程材料、电工电子技术、工程热力学	材料力学、微机原理及接口技术						能建立数学模型、分析机械工程问题

续表

序号	T1	T2	T3	T4	T5	T6	T7	T8	目标	指标
6				互换性与测量技术、机械原理、机械原理课程设计	机械设计、机械设计课程设计	轨道车辆设计与制造、机械系统仿真、发动机拆装实习、模具设计与制造、机械 CAE 软件应用	机械制造装备及其设计、机床夹具设计、毕业实习	毕业设计	能干什么	能够运用现代分析方法与工具进行机械产品设计
7				金工实习	机械制造基础、机器人技术及应用	机械制造工艺学、数控技术、数控实践、3D 打印技术、机械故障诊断、机车检修	特种加工技术、现代企业管理			能够进行机械加工工艺设计研究及工程项目管理
8					机械测试技术、机械控制工程	机电传动控制				了解机电类产品控制方法、设计思路，正确提出设计要求
9	心理教育	劳育	美育		创新创业教育	职业发展			有合力	政治意识强，身心健康，遵纪守法，表达沟通流畅，有团队协作精神
	体育 1~4									
	思政课 1~5									

B.7.3 教学均衡性

总学分为167学分，基于每学期平均学分数（学分/学期）考虑教学均衡性（见表B-7）。

表B-7 教学均衡性

	学期1	学期2	学期3	学期4	学期5	学期6	学期7	学期8	占比
理论教学	17.625	17.625	20	17.25	17.75	14.875	8.875	0.125	71.8%
实践教学	2.5	6	2.625	10.375	2.875	8.25	2.25	10	28.2%
合计	20.125	23.625	22.625	27.625	20.625	23.125	11.125	10.125	100%

B.7.4 学分结构分析

通识、学科、专业课核算学分结构分析见表B-8。

表B-8 通识、学科、专业课核算学分结构分析

	通识教育课40学分	学科基础课54学分	专业课73学分	横向合计
必修学分	32/40=80%	54/54=100%	63/73=86.21%	167
选修学分	8/40=20%	0	10/73=13.7%	
理论学分	33/40=82.5%	40/54=74%	43.75/73=59.93%	167
实践学分	7/40=17.5%	14/54=26%	29.25/73=40.07%	

注：实践学分比例为30%，符合国标和合格评估要求。

B.8 课程执行计划

（略）

编写人：×××

评审人：×××、×××、×××、×××、×××

审批人：×××

致　谢

本书是思想集成与群体支持的结果。借此机会，向所有给予帮助和支持的人们一并致谢，以表达我最诚挚的感激之情。

感谢哈尔滨工程大学周强教授和邓志茹博士，感谢中国农业大学纪威教授，感谢大连海事大学刘家国教授，感谢中国石油大学徐小峰教授，感谢江苏科技大学李根教授，感谢潍坊经济学院张德升教授，感谢河北工业大学郑辉杰博士，感谢哈尔滨学院赵毓婷博士，感谢所有为本书提供资料和信息的人，你们的贡献使本书更加丰富完善，更具深度和广度。

感谢沧州交通学院（原北京交通大学海滨学院）薛行远董事长、张长铎办学总监、王化深校长、余裕玲副校长以及张炳凯、郑宏丹、代伟业、李少华、田春子副院长和刘宝元等同事，你们的专业协作和专业意见使本书更具价值。感谢与我共事的教务处、实践中心、督导办、科研处的领导和同事们，是你们的专业和敬业，让每一个难题都迎刃而解。我们共同度过的加班夜晚，还有那些日常的欢声笑语，都已成为我宝贵的回忆。

感谢北京交通大学出版社刘建明，您的积极建议和友情支持是一个良好的开端。感谢本书编辑郭东青，您的专业修正和细心校对使得本书更加完美。

最后，我还要感谢所有的读者。我真诚地希望本书能够给你们带来启发和收获，但愿您在阅读本书的过程中能获得愉快和有益的体验，祝愿您在相关领域取得更好的成就。

再次感谢大家的支持和帮助，希望本书能够以某种方式回馈给每一个帮助过我的人。